REINHARD ABELN
WENN KINDER SCHWIERIG WERDEN

Frohe Weihnacht
wünscht
Gregor

REINHARD ABELN

Wenn Kinder schwierig werden

*Handreichungen
für besorgte Eltern*

SCHWABENVERLAG OSTFILDERN 1

Einbandgestaltung Stefan Herzog

ISBN 3 7966 0530 3
© 1978 Schwabenverlag 7302 Ostfildern 1
Gesamtherstellung SV-Druck, Ostfildern 1

VORWORT

Nicht wenige Kinder bereiten ihren Eltern und Erziehern durch ihr Verhalten erheblichen Kummer. Ungehorsam und Widerspenstigkeit, Hemmungen und Konzentrationsstörungen, Lüge, Hochstapelei und Diebstahl, Nägelkauen und Daumenlutschen, Keilereien und Schuleschwänzen, Kurzschlußhandlungen, sexuelle Verwahrlosung und Drogenkonsum — das sind nur ein paar Beispiele für Verhaltensweisen von Kindern, die man im Volksmund häufig auch als »Sorgen- oder Problemkinder« bezeichnet.

Väter, Mütter, Kindergärtnerinnen, Lehrer, Sozialarbeiter und alle, die mit solchen Kindern zu tun haben, sollten sich darüber nicht zu sehr beunruhigen, denn Problemkinder bringen es manchmal, wie die Erfahrung zeigt, im Leben weiter als ausgesprochene Musterkinder. Voraussetzung ist allerdings, daß ihre Erzieher sie richtig verstehen und sie gut und verständnisvoll behandeln. Professor Ignace Lepp, ein bekannter Psychologe und Erziehungsberater, hat dazu einmal gesagt: »Man sollte nie vergessen, daß Männer und Frauen, die im Leben wirklich etwas Großes leisten, in der Mehrzahl früher schwierige Kinder waren; sie haben es fertiggebracht, ihre Schwierigkeiten zu meistern, ohne dafür Musterkinder zu werden.«

Vor allem sollten Eltern und Erzieher nicht durch eine überstrenge, einengende und zu harte Erziehung die in ihren Augen »bösen« und »unartigen« Kinder zu bessern versuchen. Man hat noch nie gehört, daß zum Beispiel Fieber durch Prügel gesenkt oder ein Beinbruch durch Androhung einer Geldstrafe geheilt worden wäre. Auch bei der Behandlung von Problemkindern muß man sich für die passenden Mittel entscheiden, sonst richtet man nur noch ärgeren Schaden an. Man sollte nämlich eines wissen: Sorgenkinder machen nicht nur den Erwachsenen Sorgen, sondern haben auch selber welche.

Es wäre zum Beispiel ausgesprochen falsch, bei Problemkindern Gewalt anzuwenden, um sie von ihren »Leiden« zu befreien. Tut man es dennoch, dann treten sehr häufig andere (oft noch schlimmere) Symptome auf. So begann etwa ein siebenjähriger Junge seinen Eltern von der Woche an Geld zu stehlen, in welcher der Vater anfing, seinem Sohn das Bettnässen mit dem Stock auszutreiben. Der Junge bekam an jedem Morgen, wenn sich herausgestellt hatte, daß das Bett naß war, vom Vater seine Tracht Prügel. Nachdem dies fünfmal vorgekommen war, verschwand das »Leiden« für immer. Aber bereits im Alter von vierzehn Jahren stand dieser Junge vor dem Jugendgericht, weil er in seiner Umgebung wahllos stahl, was nicht niet- und nagelfest war.

Schläge, ständige Drohungen, Beschimpfungen und strenge Strafen sind gänzlich ungeeignet, wenn Eltern und Erzieher ihren Kindern bei der Überwindung ihrer Schwierigkeiten behilflich sein wollen. Vielmehr sind Güte, Verständnis, ausreichende Zuwendung, Geduld, besondere Erweise der Liebe und Vertrauen der Erzieher notwendig und unerläßlich, um die Kinder von ihren Sorgen und Problemen zu befreien.

Wie nun Eltern und Erzieher ihren Kindern, die bewußt oder unbewußt mit ihrer Umgebung in Konflikt geraten sind und ihnen durch ihr Verhalten besonders große Sorgen bereiten, im einzelnen helfen können, davon soll in diesem Band die Rede sein. Probleme sind ja dazu da, um bewältigt zu werden. Natürlich kann dabei aus Platzgründen nur eine kleine Auswahl — und keine vollständige

Liste — von auffälligen Erscheinungen und Schwierigkeiten behandelt werden. Aber bereits die Darstellung
der in diesem Buch angeführten kindlichen Auffälligkei-
ten dürfte deutlich machen, daß die Ursache vieler Erziehungsschwierigkeiten oftmals nicht beim Kinde, sondern
bei seinen Eltern und Erziehern liegt — d. h. in den Erzie-
hungsfehlern, die diese begehen. So entstehen etwa viele
Konflikte dadurch, daß Eltern sich gehenlassen und ständig miteinander streiten, daß sie entweder zu diktatorisch
(autoritär) erziehen und ihre Kinder immer nur durch
Schläge zu »bessern« versuchen oder aber umgekehrt der
sogenannten »weichen Welle« huldigen und aus wohlge-
meinter Gutmütigkeit ihren Jungen und Mädchen alles
durchgehen lassen, daß sie ihren Kindern fortwährend ein
schlechtes Beispiel geben und ihnen Grundsätze lehren,
nach denen sie sich selbst nicht richten.
Sicher werden Eltern und Erzieher die meisten auffälligen
Erscheinungen und Verhaltensweisen ihrer Kinder erkennen und aus eigener Kraft heraus beseitigen können.
Sollte sich aber trotz intensiver Bemühungen das auffällige Verhalten auch nach längerer Zeit nicht ändern
lassen, dann dürfte es sich um bereits verfestigte seelische
Schwierigkeiten und um tiefergehende Fehlhaltungen
handeln, bei denen meistens nur noch Fachleute (Ärzte,
Psychotherapeuten, Kinder- und Jugendpsychologen, Erziehungsberater) helfen können. Eltern sollten dann nicht
zögern, diese fachmännischen Hilfen in Anspruch zu nehmen, statt auf den Rat von Tanten, Nachbarn oder zu-
fälligen Bekannten zu hören.

☐

Sofern nicht eigens vermerkt, sind die in dem vorliegenden Buch
enthaltenen Zitate den Werken der Verfasser entnommen, die in
dem beigegebenen Literaturverzeichnis aufgeführt sind.

IN NEUROSEN VERSTRICKT

Jedes vierte Kind leidet heute schon unter nervösen
Verhaltensstörungen

Neurosen (seelische Störungen) aller Art nehmen in deutschen Familien — unbemerkt von den meisten — in einem
Maße zu, daß die nichtneurotische Familie schon fast eine
Ausnahme zu sein scheint. Das gilt besonders im Hinblick
auf die Kinder und die Heranwachsenden. Fachleute haben ermittelt, daß heute jedes vierte Kind und jeder vierte
Jugendliche seelisch gestört oder deformiert (verändert)
sind.

Daß die Zahl der psychisch kranken und geschädigten
Kinder nicht gering ist, ist eigentlich nichts Neues und im
Grunde immer schon bekannt gewesen. Doch daß der
Anteil auffälliger Jungen und Mädchen in der heutigen
Zeit wirklich so groß ist, haben erst die Ergebnisse neuerer Untersuchungen gezeigt. Die *Symptome* reichen dabei
von erhöhter Empfindlichkeit und Umtriebigkeit über
Lüge, Diebstahl und schlechten Schlaf bis hin zu krank-
haften Aggressionen und Sprachstörungen. Aber auch die
weite Verbreitung der Jugendverwahrlosung sowie die
große Zunahme der Raubkriminalität, der Selbstmorde
und der Süchte haben weitgehend damit zu tun, daß zu-
nehmend mehr Menschen schon als Kinder seelisch schwer
erkranken.

Das sind erschreckende Befunde, die in Frankreich, Öster-
reich und der Schweiz vielleicht etwas günstiger, aber
nicht grundlegend anders als in der Bundesrepublik aus-
fallen dürften. Vor allem die enorme Zunahme der nervösen Störungen schon bei kleinen Kindern zeigt an, daß

mit unserem Leben irgend etwas nicht mehr in Ordnung ist, daß irgend etwas nicht mehr stimmt.

Kindlicher Lebensraum zu sehr eingeschränkt

Die Ursachen für das alarmierende Ansteigen der psychischen Störungen bei Kindern sind zahlreich, so zahlreich wie die Konflikte, die eine Familie heute belasten. Unsere Gesellschaft hat, wie man immer wieder beobachten kann, leider herzlich wenig Sinn für die lebensentscheidenden Grundbedürfnisse eines Kindes. Überall fehlt es zum Beispiel an *Raum* und *Bewegungsfreiheit* für die Kinder — angefangen von den viel zu engen, kleinen Kinderzimmern in den modernen Neubauwohnungen bis hin zu dem unverantwortlich beschränkten Spielraum direkt am Haus. Hunde und Katzen bekommen ihren Auslauf zur Genüge; bei Kindern ist das längst nicht so selbstverständlich.

Der bekannte Kinderarzt Professor Dr. Rudder, der sich eingehend mit den Problemen der Nervosität bei Kindern und der Verarmung der kindlichen Welt im Zeitalter fortschreitender Technik befaßte, hat dazu einmal gesagt: »Das Kind unserer Tage lebt nicht mehr in einem natürlichen Lebensraum, sondern gleichsam in einem Terrarium, einem Kulturschutzpark, in dem es mit seinem Spiel den Vater, den Untermieter oder den Nachbarn nicht stören darf. Auf der Straße herumzutollen, verbieten die Polizei und der Verkehr. In den Anlagen ist ihm das Betreten der Grünflächen bei Strafe verboten. Omnibusfahrten, Spaziergänge und Kinobesuche können über diese Beschränkung des kindlichen Lebensraumes nicht hinwegtäuschen und auch nicht den normalen Lebensraum ersetzen.«

In der Tat: Überall fehlen Kinderspielplätze, auf denen

die Kinder wirklich spielen und ausgelassen laut und fröhlich sein dürfen. Und gibt es einmal einen richtigen Spielplatz, der mehr enthält als nur Buddelsand und die obligaten drei Geräte: Klettergerüst, Rutsche und Schaukel, dann kommt es nicht selten vor, daß er bald wieder geschlossen werden muß, weil der Lärm der spielenden Kinder die Anlieger stört und diese nicht verstehen wollen, daß Kinder für ihre gesunde Entwicklung viel Platz und Anregung zum Spielen benötigen.

Kindergarten- und Vorschulplätze fehlen bei uns in einem Ausmaß, daß wir — verglichen mit anderen westlichen, aber auch östlichen Ländern — in diesem Punkt als Entwicklungsland angesehen werden müssen. Da Kinder in unserer Gesellschaft keine Lobby haben, wird sich an diesem Zustand in absehbarer Zeit wahrscheinlich auch kaum etwas ändern, obwohl wir wissen, daß gerade Erziehungseinrichtungen wie Kindergarten und Vorschule für Jungen und Mädchen von unschätzbarem Wert und eine gute Ergänzung zum Familienleben sind (vor allem für Einzelkinder oder beengt aufwachsende Kinder).

Mit diesen wenigen Worten ist bereits umrissen, warum es bei unseren Kindern mehr und mehr zu *ungesunden Erscheinungen* kommt. Es wirken jedoch noch andere Faktoren mit. So die ständige Überflutung des kindlichen Nervensystems mit Reizen und Erlebnissen aller Art: Lärm, Fernsehen, Filme, lange Autofahrten, schlechte Lektüre, Radio, ferner die unzähligen optischen und akustischen Reize der Großstadt, soweit die Kinder in der Großstadt leben. Dieses Überangebot an Eindrücken erzeugt in den Kindern Überdruß, Übersättigung und seelische Verstimmung, weil es von ihnen mit der Zeit nicht mehr verkraftet und verarbeitet werden kann.

Es ist daher kein Wunder, daß in die Beratungsstellen während der letzten Jahre immer mehr Jungen und Mädchen als Patienten kommen und daß immer mehr Kinder einer längeren Behandlung und Therapie bedürfen. Und man muß sogar befürchten, daß die Zahl behandlungsbedürftiger Kinder weiter zunehmen wird, weil — wie Psychotherapeuten, Psychologen und Ärzte heute feststellen — die Kinder bereits im Kleinkindalter von Jahrgang zu Jahrgang zusehends angestrengter, unlustiger, nörgelnder, trotziger und schwieriger werden.

Für die Kinder keine Zeit und Geduld

Am schwersten von allen Ursachen dieser Entwicklung wiegt ohne Zweifel die Tatsache, daß viele Eltern für ihre Kinder und deren seelisch-geistige Entwicklung *keine Zeit* mehr haben. »Laß mir meine Ruhe!« ist eine Redensart, die Tag für Tag in unzähligen Familien gebraucht wird. Das trifft in besonderer Weise auf die berufstätige Mutter zu, die bereits acht Wochen nach der Geburt eines Kindes an ihren Arbeitsplatz zurückkehrt und zwischen Kindern, Beruf und Küche immer nur hin- und herpendelt — bis sie zwangsläufig am Ende ihrer Kräfte ist.
Die berufstätige Mutter ist mit ihrer vierfachen Pflicht als Hausfrau, als Mutter, als Arbeitnehmer und — da der Vater des Berufes wegen kaum oder keine Zeit hat — als Vaterersatz heute völlig überfordert. Sie hat nicht mehr die Zeit und die Kraft, sich voll und ganz ihrer Familie, besonders aber ihren Kindern, zu widmen, für sie hinreichend zu sorgen, sich um ihr Wohlergehen zu kümmern, sie zu behüten und zu beschützen. Und die Kinder müssen darunter leiden.
Die berufstätige Mutter bringt vielfach nicht mehr die *beruhigende Geduld* auf, die eine gute Kindererziehung erfordert. Die Beschäftigung mit ihren Jungen und Mädchen empfindet sie neben den Anstrengungen ihrer Be-

rufsarbeit nicht selten als Belastung und Überforderung. Und da sie so über alle Maßen nervös, reizbar und unduldsam wird, werden es meistens auch die Kinder. »Nervöse Mütter — nervöse Kinder!« Das ist leider ein nur allzu wahres Wort.

Ein bekannter Pädagoge sagte dazu einmal in einem Vortrag: »Es ist schwer möglich, sich einerseits mit Problemen zu beschäftigen, die nichts mit Kindern und Kindererziehung zu tun haben, und andererseits für all die kleinen Leiden und Freuden des Kindes aufgeschlossen zu sein. Innere Zerrissenheit, Unzufriedenheit, Abgespanntheit und Gereiztheit sind die Folgen, die aber nicht nur die Mutter beeinträchtigen, sondern gleichzeitig Gift bilden für die ungestörte, harmonische Entwicklung des Kindes.«

Unübersehbare Schäden bei Heimkindern

Nicht weniger problematisch ist es, wenn Eltern ihr Kleinkind vom Morgen bis zum Abend — oder sogar ganz — in ein Heim geben, weil dann der notwendige »Liebesdialog zwischen Mutter und Kind« nicht stattfinden kann. (In der Bundesrepublik leben etwa 250 000 Kinder in Heimen!) 98 von 100 Heimkindern bleiben in ihrer motorischen und geistig-seelischen Entwicklung weit hinter Gleichaltrigen zurück, die »normal« in der Familie aufgezogen werden; das ist das alarmierende Ergebnis einer von Psychologen der Wiener Universität an über 70 000 Heimkindern durchgeführten Untersuchung.

Die meisten Heimkinder sind in ihrer seelischen und intellektuellen Reifung *beeinträchtigt*, lassen es an dem normalen Selbstvertrauen fehlen, halten beim Lernen nicht Schritt mit den Gleichaltrigen und verfügen über einen geringeren Wortschatz als andere. Die Kontaktfähigkeit ist herabgesetzt, und das Empfinden der Ungeborgenheit und der Heimatlosigkeit führt in vielen Fällen zu schweren psychischen Schäden, die später kaum wiedergutzumachen sind.

Diese psychischen Störungen bei Säuglingen und Kleinkindern bezeichnet man auch mit dem Fremdwort »Hospitalismus«. Der Leiter eines Waisenhauses schilderte diese Erkrankung einmal so: »Fünfzehn zweijährige Kinder rutschen auf ihren Töpfchen durch das Zimmer. Eine Stunde lang tun sie das schon, unbemuttert, stumpfsinnig, einander ausgeliefert. Als wir vorbeigehen, bemerkt Hildegard, daß man sie anschaut. Verzweifelt schreit das Kind los, weil man nicht bei ihm bleibt, weil man es nicht aufnimmt. Und dann zieht es sich wieder resigniert in sich zurück, kreist in tickartigen Bewegungen mit dem Kopf und schlägt auf den Boden. Wer diese Szene einmal miterlebt hat, wird von Alpträumen verfolgt. Wer jemals sah, wie verlassen Säuglinge in ihren Reihenbettchen vergebens auf den Menschen warten, der ihnen das erste Lachen entlockt, der kann nicht mehr ruhig schlafen.« In 333 Säuglingsheimen in der Bundesrepublik sind Jahr für Jahr rund 12 000 Kinder unter drei Jahren diesem grauenhaften Schicksal ausgeliefert.

Für Mutterliebe gibt es einfach *keinen Ersatz*. Mutterliebe ist eine unabdingbare, lebenerhaltende Notwendigkeit. Weder die Erfüllung aller materiellen Lebensbedürfnisse und Wünsche noch die »Ersatzmutti« in Heim, Hort oder Internat machen die intakte Familie überflüssig. Ein Kind braucht — in den ersten Lebensjahren besonders, aber genauso auch noch später — unendlich viel mehr als trockene Windeln, ein warmes Bettchen und seine regelmäßigen Mahlzeiten. Ein Kind braucht Liebe, Verständnis, Führung, immer erneute seelische Zuwendung. Nur so kann es gesund heranwachsen, seine Gaben und Fähigkeiten entfalten und das nötige Vertrauen zu sich selbst und zu anderen Menschen gewinnen, um später einmal in dieser komplizierten Welt bestehen zu können.

Mit anderen Worten: Die Sorge um das körperliche Wohl allein reicht nicht aus, um in einem Kind all die Anlagen, die in ihm schlummern, zur vollen Entfaltung zu bringen. Wie lebensnotwendig ein Kind mehr braucht als Essen, Trinken und Körperhygiene, hat bereits ein Experiment gezeigt, das von dem Stauferkaiser Friedrich II. (1212 bis 1250) berichtet wird. Dieser ließ Findelkinder in einem Waldhaus, in das kein menschlicher Laut eindringen konnte, großziehen, um herauszufinden, welches die ursprüngliche menschliche Sprache sei. Die die Kinder versorgenden Ammen hatten strengstes Redeverbot und die Anweisung, sich in ihren Kontakten mit den Kindern auf das Allernotwendigste zu beschränken. Und das Ergebnis? Die Kinder wurden nicht so alt, daß der große Kaiser die Früchte seines Experiments hätte ernten können. Sie starben alle vor Ablauf eines Jahres aus Mangel an Wärme, Zuneigung und Fürsorge. Alle Anstrengungen blieben nichtig, weil die Liebe fehlte.

Kurzum: Ein Kleinkind braucht die Liebe und Zärtlichkeit, das Lächeln und den Zuspruch, die Stimme und die körperliche Wärme der Mutter wie eine Pflanze den Sonnenschein. Es braucht, wie einmal ein Psychologe gesagt hat, bis zu 250 *Zuwendungen* am Tag — angefangen von Zärtlichkeiten und Ordnungsrufen bis hin zur Verabreichung von Nahrung und der Anregung zum Spiel. Wo ihm dies aber alles nicht gegeben wird, bleibt es körperlich, seelisch und geistig zurück. Es wird anfälliger gegen Krankheiten, vielleicht sogar geisteskrank, oder es stirbt aus lauter Verlassenheit.

Tobias Brocher, ein erfahrener Mediziner, schreibt dazu: »Ein völliger Entzug jeder Gefühlszuwendung führt häufig trotz ausreichender Ernährung zur körperlichen Auszehrung und zum Verfall des Kindes. Das ist keine Theorie, sondern geprüfte Erfahrung, wie die erhöhte Säuglingssterblichkeit hygienisch einwandfreier Spitäler zeigt. Es gibt über diese Erscheinungen Filme, die in Kliniken gedreht worden sind.«

Völlig falsch ist die landläufige und weitverbreitete Meinung, ein Baby oder ein Kleinkind merke zum Beispiel überhaupt nicht, wer es füttert, wer mit ihm spielt und wer es zum Spaziergang führt. Ganz im Gegenteil: Die Kleinsten sind gerade die *Empfindlichsten*. Deutliche Schäden und Entwicklungsstörungen, so haben Kinderärzte festgestellt, lassen sich bereits an Babys von drei Monaten feststellen; nach acht Monaten erweisen sie sich oft schon als irreparabel (unheilbar), d. h. auf therapeutischem Wege nicht mehr behebbar.

Auch alle modernen Versuche mit Wohngruppen, Kommunen und — meistens ideologisch gefärbten — Großfamilien können keinen Mutterersatz darstellen. Immer wieder haben wissenschaftliche Untersuchungen und Ergebnisse aus dem Kreis der Seelenforschung und der Medizin ganz deutlich betont, daß sich »Mutterbindung nicht delegieren« läßt. Eltern, vor allem Mütter, lassen sich zu keiner Zeit vollwertig ersetzen (auch nicht durch Tagesmütter). Und dies ist eine biologische Grundtatsache, die man nicht ungestraft vernachlässigen oder einfach durch etwas anderes umgehen kann.

Mindestens bis zum dritten Lebensjahr . . .

Die heutige Familie kann darum nur gerettet werden, wenn die Kinder nicht irgendwelchen Ersatzpersonen »ausgeliefert« werden oder sogar — eingeschlossen in den Wohnungen von Hochhäusern — sich selbst überlassen bleiben. Die Mutter muß wieder *standfester Mittelpunkt* ihrer Familie werden — nicht als »Heimchen am Herd«, sondern als erziehungs- und führungsfähige Frau. Nur so ist eine seelisch gesunde Entfaltung und Entwicklung der Kinder möglich.

Ein Kind muß in seinen ersten Lebensjahren die Grunderfahrung machen: Ich bin vorbehaltlos akzeptiert, angenommen. Ganz gleich, was ich tue und was ich kann, ganz gleich, wie und wer ich bin: Meine Mutter hat mich lieb, sie kümmert sich um mich. Nur wenn diese Grunderfahrung da ist, entwickelt sich — wie die Kinderpsychologen sagen — das sogenannte »Urvertrauen«, das die Grundlage jedes Selbstvertrauens, jeder Freundschaft, jeder Liebe zu einem anderen Menschen, ja sogar des Vertrauens auf Gott ist.

Ein Mensch erfährt im Laufe seines Lebens so viele Enttäuschungen, so viel Lieblosigkeit, so viel eigenes und fremdes Versagen, daß er ohne diesen grundlegenden »Schatz an Vertrauen« aus seiner Kinderzeit kaum auskommen kann. Kein Heim, keine Kinderkrippe, kein Kindergarten und kein Internat vermögen das zu ersetzen, was man heute als »Nestwärme« bezeichnet. Der Mensch ist gerade an seinem Lebensanfang ein seelisch ganz feinfühliges und unendlich verletzbares Wesen, das der behutsamsten, liebevollsten und einfühlsamsten Pflege bedarf.

Es ist nun einmal eine unbestrittene Tatsache: Das *Gefühlsklima*, d. i. das Ausmaß an Wärme, Zuneigung und Geduld im Elternhaus, bestimmt ganz wesentlich die gesunde seelisch-geistige und persönliche Entwicklung eines Kindes. Wo dieses Klima, besonders zwischen Mutter und Kind, fehlt oder gestört ist, sind seelische Fehlentwicklungen (Schocks) und Verhaltensstörungen die unausbleibliche (und später kaum wiedergutzumachende) Folge.

Fast alle Fachleute — Ärzte, Soziologen, Psychologen und Pädagogen — lassen keinen Zweifel daran: Mindestens bis zum dritten Lebensjahr, noch besser bis zum Schuleintritt, braucht das Kind die Mutter — und zwar den ganzen Tag über. Es braucht diese »Bezugsperson«, weil, wie Magda von Neuerer (München) es ausdrückt, »das Kind in seiner ganzen persönlichen Entfaltung auf sie fixiert ist«. Nur so kann ein Kind das »Urvertrauen« gewinnen und damit die Sozial- und Liebesfähigkeit für sein ganzes Leben.

Im Elternbrief Nr. 2 des Arbeitskreises Neue Erziehung e. V. (Berlin) heißt es dazu: »Nach den Erkenntnissen der Kinderpsychologie werden in den ersten drei Lebensjahren die Weichen für die ganze spätere Entwicklung eines Menschen gestellt. In dieser Zeit entwickelt sich auf ganz entscheidende Weise das Gefühlsleben des Kindes. Bekommt es jetzt nicht genug Liebe und Zuwendung, wird sein Bedürfnis nach Geborgenheit und Wärme nicht erfüllt, hilft es sich in seiner Enttäuschung damit, daß es nun gar keine Liebe mehr *erwartet*. Es zieht sich in sich selbst zurück und kann nur noch sehr schwer eine tiefere Gefühlsbindung zu irgendeinem Menschen herstellen. Was wir späterhin bei einem Menschen als ›Gefühlskälte‹ oder ›Gefühllosigkeit‹ bezeichnen, ist zumeist die Folge einer versäumten festen menschlichen Bindung in den ersten Lebensmonaten und -jahren.«

Auch im Hinblick auf die spätere geistige Entfaltung des Kindes sind diese ersten Monate und Jahre die entscheidenden. Eine junge Mutter fragte einmal einen berühmten Kinderspezialisten, wann sie denn wohl mit der Pflege des kindlichen Geistes beginnen sollte. »Wann wird es denn geboren?« fragte dieser zurück. »Oh, es ist jetzt vier Jahre alt«, antwortete die Mutter. »Dann laufen Sie schnell nach Hause, gute Frau«, war seine Antwort. »Sie haben die wichtigsten Jahre im Leben Ihres Kindes bereits versäumt!«

Nicht erst im Kindergarten oder in der Schule werden die wichtigsten Weichen für die Intelligenz eines Menschen gelegt, sondern viel früher. Ein wissenschaftliches Team von Psychologen und Kinderärzten an der berühmten Harvard-Universität in den Vereinigten Staaten, das einmal die Frage »Welches ist die entscheidende Zeit für die geistige Entwicklung des Menschen?« untersuchte, kam zu dem Ergebnis: In der kurzen Zeit von nur acht Monaten — genau in der Zeit zwischen dem 10. und 18. Lebensmonat des Kindes — wird alles entschieden. Fehler, die in diesen Monaten gemacht werden, sind später kaum mehr zu reparieren. Und: Die entscheidende Person während der ersten Lebensjahre ist die *Mutter* (oder jene Person, die sie voll vertritt). Von ihr hängt es ab, ob das Kind einmal intelligent und selbständig oder dumm und verklemmt durchs Leben gehen wird.

Wenn Kinder von ihren Müttern getrennt werden

Interessant sind in diesem Zusammenhang Untersuchungen des amerikanischen Forschers Harry F. Harlow und des englischen Ethnologen R. A. Hinde mit Kindern von *Rhesus-Affen*. Wurden diese im Alter von 21 bis 32 Wochen — was in etwa dem Alter eines Menschenkindes von anderthalb bis zwei Jahren entspricht — für sechs oder gar zwölf Tage von ihrer Mutter entfernt, so waren die Folgen geradezu dramatisch: Die Kleinen saßen — obwohl sie in ihrer sonstigen gewohnten Umgebung verblieben waren — tatenlos herum, nahmen an nichts Anteil und klagten laut und unentwegt. Ihre zuvor erworbene Selbständigkeit, ihre Neugierde und ihre Untersuchungsfreudigkeit gingen ganz und gar verloren. Als die Mutter zurückkehrte, wurde deutlich, daß die Entwicklung der Jungen einen erheblichen Rückschlag erlitten hatte. Das Andersverhalten der kleinen Äffchen war — im Vergleich zu den Kontrolltieren, die stets bei ihrer Mutter verblieben waren — nicht nur nach einem halben Jahr noch sichtbar, sondern ließ sich auch nach anderthalb Jahren noch recht eindrücklich nachweisen.

Erstaunliche Ergebnisse haben auch die Beobachtungen der Engländerin Jane Goodall (»Wilde Schimpansen«, Hamburg 1971) gebracht, die ab 1960 zehn Jahre lang im afrikanischen Urwald Schimpansen beobachtete. Die Forscherin — im Grunde mit nichts anderem als mit ihrem unverbildeten Interesse für die Tiere der Wildnis ausgestattet — stellte dabei fest, daß zum Beispiel Schimpansenjungen bis zu ihrem vierten Lebensjahr unumgänglich die fortwährende Anwesenheit der Mutter brauchen. Stirbt die Mutter in dieser Zeit, so setzt ein seelisch-geistiger und schließlich auch ein körperlicher Verfall des Affenkindes ein, der meistens mit dem Tod endet, selbst dann, wenn die älteren Geschwister anstelle der Mutter die Pflege des Affenbabys übernehmen.

Wie diese experimentellen Studien und Beobachtungen an Tieren zeigen auch die Untersuchungen an Menschen immer wieder aufs neue, daß *Mutter-Kind-Trennungen* sich auf die leib-seelische Entwicklung der Kinder nachteilig auswirken. Das gleiche ist der Fall, wenn — besonders in der heutigen Zeit — Kinder infolge von Zeitnot der Mutter die Liebe, Fürsorge und Zugewandtheit vermissen müssen, die — neben der Betreuung durch den Vater — für ihr Gedeihen so dringend notwendig sind. Solchen Kindern fehlt die Urgeborgenheit und damit eine hinreichende psychische Stabilität, so daß sie später den Stürmen des Lebens einfach nicht gewachsen sind.

Dies ist eine bittere Erkenntnis. Sie ist um so bitterer, als hier einmal mehr deutlich wird, in welche Sackgasse uns die »moderne« Zivilisation, Technisierung und Mechanisierung geführt hat. Die mangelhaften oder gar fehlenden Beziehungen vieler Eltern zu ihren Kindern sind ein ganz entscheidender Grund dafür, daß es heute bei Jungen und Mädchen immer häufiger zu seelischen Komplikationen und Erkrankungen kommt.

Christa Meves, die bekannte Psychagogin und Psychologin, schreibt in diesem Zusammenhang: »Damit haben wir es geschafft, den jungen Kindern auch den letzten Rest der Grundbedingungen zu nehmen, die sie für eine gesunde Entfaltung ihrer Seele und ihres Geistes brauchen, und damit das Faß der *Neurotisierungsbedingungen* zum Überlaufen gebracht. Das Desaster der Kindergeneration, deren psychische Belastbarkeit enorm abgesunken ist, beginnt daher schon zu uns heraufzubranden und wird — so können wir mit Gewißheit sagen — eine gefährliche Flutwelle in unserer Zukunft werden.«

WOVOR SICH KINDER FÜRCHTEN

Eltern müssen ihre Jungen und Mädchen behutsam
auf das Alleinsein vorbereiten

In dem Maße, in dem ein Kind in die Welt hineinwächst
und sich Schritt für Schritt aus der Urgeborgenheit der
Familie herausentwickelt, in dem Maße packt es das Gefühl von Herausgestelltsein, von Verlorenheit, ja von
Zweifel — und von Angst. Jedes Kind — auch das im besten Elternhaus — wird häufig ganz unbewußt von einer
zum menschlichen Leben gehörenden Angst befallen. Das
vergißt man als Vater oder als Mutter nur allzuoft.
Eine solche Angst kann ganz verschiedenartige *Formen*
annehmen. Nach einer Statistik haben Kinder im Alter
von zwei bis achtzehn Jahren (in der Reihenfolge der
Häufigkeit) Angst vor Tieren (Spinnen, Hunden, Insekten
usw.), Körperbeschädigungen, Gespenstern, Geistern und
Einbrechern, vor Autoritäten, vor der Nacht und dem
abendlichen Alleinsein, vor Fremden (»Fremdeln«), Blut,
Verlassenwerden, vor Schule und Prüfungen, vor Dunkelheit, Stille, Wasser, Gewitter, vor geschlossenen Räumen,
Straßen, Brücken und leeren Plätzen.
Viele Kinder leiden schwer unter ihrer Angst (manche
entwickeln sogar eine grundlose Zwangsangst, die der
Fachmann Phobie nennt). Vor dieser Tatsache kann man
nicht einfach die Augen verschließen. Für Eltern und Er-
zieher erhebt sich also die Frage: Wie helfe ich dem Kind
in seinen Ängsten? Dieses Problem bereitet fast allen
Müttern und Vätern irgendwann einmal Sorgen und
Kopfzerbrechen; gehört doch die Angst in den Bereich der
Gefühle, und Gefühle kann man, wie jeder Erwachsene

wissen dürfte, nicht einfach wegdiskutieren oder jeman-
dem ausreden.

Aus der Fülle der möglichen kindlichen Ängste sei nur
einmal die *nächtliche Angst* des Kindes herausgegriffen.
Diese Angst taucht regelmäßig auf, nachdem die Kinder
ins Bett gebracht worden sind, wenn die Dunkelheit her-
einbricht, wenn die Kinder in dem stillen Haus, in der ru-
higen Straße und in der Schwärze ihres Zimmers allein
sind. So gehen zum Beispiel viele Jungen und Mädchen,
die unter dieser nächtlichen Angst leiden, Nacht für Nacht
in kurzen Abständen immer wieder zur Toilette. Das
heißt: Um der Angst zu entfliehen, gehen sie zu der Ver-
richtung, um derentwegen es erlaubt ist, aufzustehen und
das Licht anzumachen. Dabei nehmen die Kinder gleichzeitig noch viele andere vertraute Geräusche des Tages
auf, die ihre Furcht ein wenig beschwichtigen können:
das Öffnen und Schließen der Türen, das Rauschen der
Wasserspülung, ja vielleicht einen Laut oder einen Ruf
von der Mutter oder vom Vater. Aber das alles hilft den
Kindern eben nur für kurze Zeit. In der Stille und Dunkelheit ihres Bettes bricht die Angst, die innere Unruhe,
bald wieder von neuem auf.

Angst will ernst genommen sein

Die Verleugnung und Nichtbeachtung der nächtlichen
Angst des Kindes durch die Eltern führt mit Sicherheit
zu einer stetigen Verschlimmerung dieser Erscheinung.
Angst muß ernst genommen werden. Grundsätzlich könnte man sagen: Angst — das Zeichen der seelischen Not,
der Einsamkeit und der Verlorenheit — kann nur durch
Verstehen, Zuwendung und Geduld überwunden werden.
Auch Erwachsene verlieren ihre Ängste ja nicht dadurch,
daß sie diese einfach überhören.

Was aber tun, wenn man merkt, daß ein Kind nicht einschlafen kann, weil es vor der Dunkelheit im Schlafzimmer, vor dem Alleinsein im Bettchen oder vor der Stille
im Haus Angst bekommt? Vater und Mutter sollten mit
erzieherischem Geschick vor allem dafür sorgen, daß die
Verbindung zu dem Kind und die Verbindung des Kindes zu den vertrauten Dingen der Wirklichkeit nicht ver-
lorengeht.

Oft wirkt schon der offene Türspalt Wunder, durch den
das Licht des Wohnzimmers, des Korridors oder der Diele
und die gedämpften Stimmen der Eltern beruhigend in
das Schlafzimmer zu dem Kind herüberfließen. Im Gegen-
satz zu der weitverbreiteten Meinung, daß dieser Türspalt das Kind stören könnte, kann man immer wieder
die Erfahrung machen, daß gerade das Gegenteil der Fall
ist: Das Kind fühlt sich sicherer und geborgener.

Man kann auch bei einem Kind, das dazu neigt, nachts
aufzuwachen und Angst zu bekommen, ein kleines Nacht-
lämpchen mit mattem und gedämpftem Licht im Zimmer
anbringen, das es speziell für diesen Zweck im Handel
zu kaufen gibt. Der Stromverbrauch dieses Nachtlichtes
ist ganz gering, und — was das Wichtigste ist — das Kind
bleibt von dem Gefühl des Allein- und Eingesperrtseins
verschont. Dieses Lämpchen gibt nämlich dem Kind die
Möglichkeit, die vertraute Umwelt nicht aus dem Blick zu
verlieren, sondern sich vielmehr an ihr zu orientieren. Oft
hilft zusätzlich ein Stofftier, das einen beschützenden
Charakter hat: der starke Hund, der liebe Löwe oder der
große Bär.

Auf jeden Fall sollte ein kleines Kind, zumindest bis zum
Schulalter, während der Nacht immer *in Rufnähe* der Eltern sein. Die Schlafzimmer der kleinen Kinder gehören
darum in die unmittelbare Nachbarschaft des Elternschlaf-
zimmers. Hier Konzessionen (Zugeständnisse) an die bau-

lichen Gegebenheiten zu machen, rächt sich häufig bitter. Vergessen wir doch nie, daß für ein Kind die Nacht ja ganz buchstäblich die »dunkle« Seite des Tages ist, in der alles ein besonderes Gewicht bekommt: angefangen von Geräuschen, auf die man am Tage kaum achtet und die plötzlich bedrohlich werden, bis hin zu Lichtreflexen, die im Schlafzimmer ganz geisterhaft wirken, obwohl man weiß, daß sie von vorbeifahrenden Autos stammen.

Kurzum: Über die Kleinkinderzeit, die eine zunehmende Loslösung aus der Urgeborgenheit der Familie darstellt, kommt ein Kind am leichtesten ohne die Nöte schwerster Angstüberflutung hinweg, wenn es immer wieder die Erfahrung machen darf: Ich bin gar nicht allein. Wenn ich rufe, wird mir geantwortet — tröstend, helfend und verstehend. In diesem Lebensabschnitt braucht daher jedes Kind unumgänglich Personen, auf die es sich verlassen kann, die da sind, wenn es zum Beispiel aus einem aufregenden Angsttraum hochschreckt, ohne zu wissen und zu erkennen, daß es geträumt hat.

Kinder nachts ganz allein lassen?

Wie aber nun, wenn Vater und Mutter abends einmal weggehen möchten? Eltern können in große Schwierigkeiten mit der nächtlichen Angst ihrer Kinder kommen, wenn sie am Abend das Haus verlassen und die Kinder, ohne sie davon zu unterrichten, vollständig allein lassen. Jahrelang müssen es manche Mütter und Väter mit einer chronischen Störung ihrer Nachtruhe bezahlen, wenn ihr Kind während des Alleinseins einmal aufgewacht ist — womöglich in einer Not (Erbrechen, Nasenbluten, Hustenanfall) — und in panischem Entsetzen feststellen mußte, daß (unbegreiflicherweise) niemand da war.

So erging es auch der neunjährigen Angelika, die von

ihren Eltern eines Tages in die Erziehungsberatung gebracht werden mußte. Das Mädchen wurde beim Einbrechen der Dunkelheit regelmäßig von zitternder Angst
befallen. Die Eltern erzählten, daß sie sich abends einmal
von zu Hause fortgestohlen hätten, als das Kind vier
Jahre alt gewesen sei. Bei ihrer Rückkehr hätten sie die
Wohnung völlig durch- und umgewühlt vorgefunden.
Alle Schubladen und Schränke seien geöffnet, alle Decken
und Kissen aus den Betten gerissen gewesen. Das Kind
habe sich auf den Fußboden erbrochen und sei dann trä-
nenüberströmt und fest in das Kopfkissen der Mutter
gepreßt eingeschlafen. Seit dieser Nacht hätten sie als
Eltern niemals wieder das Haus verlassen können. Das
Mädchen brauche immer die unmittelbare Tuchfühlung
mit der Mutter, wenn es am Abend einschlafen solle. Allein komme es überhaupt nicht mehr zur Ruhe.
Sehr oft erleiden Kinder auf diese Weise *seelische Ver-
letzungen* (Angstschocks), die bewirken, daß sie nun nicht
mehr einschlafen können oder Nacht für Nacht zur Mutter (oder zum Vater) ins Bett kriechen. Solchen Nöten
und Schreckerlebnissen müssen Eltern vorbeugen, indem
sie nicht fortgehen, ohne eine Ersatzperson, einen »Sitter«,
zu hinterlassen, mit dem sie das Kind vorher vertraut
gemacht haben. Magda von Neuerer schreibt dazu: »Der
Babysitter sollte sich im Beisein der Mutter mit dem Kind
angefreundet haben. Es ist gut, wenn er schon tagsüber
einmal im Hause war. Dabei konnte sich die Mutter über-
zeugen, daß Kind und Babysitter miteinander auskommen und daß der Babysitter es versteht, mit dem Kind
umzugehen. Es muß keine gelernte Kinderschwester sein.
Manches 14jährige Mädchen — wenngleich nicht jedes —
eignet sich für diesen Dienst ganz ausgezeichnet.«
Bei Familien mit mehreren Kindern können sich die Geschwister oft gegenseitig unterstützen; die älteren Jungen

und Mädchen, die im Grundschulalter, in der Vorpubertät oder sogar schon älter sind, können dazu angehalten werden, auf die jüngeren achtzugeben. Ältere Einzelkinder sollte man nur mit Hinterlassung einer Telefonnummer, unter der die Eltern zu erreichen sind, oder mit der Gewißheit, daß eine liebevolle Person (Großmutter, Tante, Nachbarin) zu Hause ist, abends allein lassen.

Grundsätzlich aber gilt: Kinder müssen über das Fortgehen von Vater und Mutter stets genau unterrichtet sein. Nie sollte man seine Jungen und Mädchen belügen oder durch unwahre Beruhigungen besänftigen. Nie sollte man ihnen sagen, man sei nur mal kurz weg und komme bald wieder, wenn es voraussichtlich Mitternacht oder sogar später wird. Aufrichtigkeit ist auch hier — wie überhaupt in der Erziehung — immer das Wichtigste; sie ist die Basis für Vertrauen und Glaubwürdigkeit.

Hat sich nämlich erst einmal eine Furcht bei den Kindern eingenistet, so ist sie nur sehr schwer wieder zu beseitigen. Kinder, die aufgrund solcher schlechter Erfahrungen abends oder mitten in der Nacht ein angstvolles Anklammern an die Eltern beginnen, sollte man dennoch nicht mit sich ins Bett nehmen, sondern sie unter liebevoll beschwichtigenden Worten in ihr eigenes Bett — nahe von Mutter und Vater — zurückbringen. Nur ein allmähliches *Erleben besserer Erfahrungen* kann ihnen hier helfen.

Eltern begehen einen großen Fehler, wenn sie dem »Einkriechungsbedürfnis« ihrer Kinder (bei Mutter oder Vater) einfach unreflektiert und hemmungslos nachgeben und sich gänzlich von ihm tyrannisieren lassen. »Nachgiebigkeit hieße sich dem Kind und seinen Launen ausliefern« (Magda von Neuerer). Kinder, denen man auf diese Weise helfen will, um das eigene Schuldgefühl zu entlasten, bekommen dann immer mehr Angst, weil ihre Entwicklung dadurch nicht vorwärts, sondern rückwärts verläuft.

Dreierlei sollten alle Eltern besonders bedenken: Sie müssen sich immer wieder darum bemühen, die Angst (und damit die Not) ihres Kindes zu verstehen. Sie müssen dafür sorgen, daß das negative kindliche Erleben durch bessere Erfahrungen ersetzt wird. Und es muß ihnen darum gehen, daß sie mehr und mehr eine immer größere *Selbständigkeit* des Kindes anstreben und erreichen.

Wer als Vater oder Mutter die Angst seines Kindes vernachlässigt oder übergeht, muß damit rechnen, daß schwere seelische Schäden und Erschütterungen auftreten und die gesunde Entwicklung des Kindes zum Erwachsenen hin blockiert und lahmgelegt wird. Frühe kindliche Ängste können, wie uns Psychologen sagen, Ursache und Ausgangspunkt für spätere neurotische Störungen werden und wesentlich dazu beitragen, daß der Mensch ein tiefes Mißtrauen der Welt und dem Leben gegenüber entwickelt. Davon wurde bereits im ersten Kapitel gesprochen.

Eines haben nämlich im Grunde alle kindlichen Ängste gemeinsam: Sie sind ursprünglich und im tiefsten immer eine Furcht des Kindes vor Trennung und Liebesverlust. Das Kind fürchtet im Innersten seiner Seele, es könnte eines Tages die Liebe seiner Eltern verlieren, und überträgt dann diese Furcht ganz unbewußt auf andere, äußere Dinge. Und weil dies so ist, darum haben Eltern am Entstehen einer Angst — und einer Neurose — ihres Kindes fast immer einen entscheidenden Anteil.

Es gibt aber andererseits auch Mütter und Väter, die ihr ängstliches Kind allzusehr verzärteln und verhätscheln und ihm alle Schwierigkeiten aus dem Weg räumen. Aus Furcht vor möglichen Gefahren erziehen sie es — gleichsam wie unter einer Glasglocke — in einer von allem

»Schmutz« und »Ungeziefer« gereinigten Atmosphäre. Kurzum: Sie *überbehüten und verwöhnen* ihre Kinder, indem sie ihnen alles abnehmen und ihnen jeden Wunsch erfüllen. Eines Tages kann dann die Katastrophe kommen, wenn die jungen Menschen ahnungslos in die Gefährdungen des Lebens hinausgestoßen werden und hilflos allen Schwierigkeiten und Hindernissen gegenüberstehen, wenn sie nicht rechtzeitig erfahren haben, welche Kräfte sie zur Meisterung des in der heutigen Zeit nicht gerade gefahrlosen Lebens benötigen. Die derart in ihrem Elternhaus umsorgten und bedienten jungen Leute bleiben unter diesen Umständen meistens ein Leben lang an Mutters Rockzipfel hängen und sind unfähig, auf eigenen Füßen zu stehen. Jeder Psychologe kennt solche bedauernswerten Menschen und die Angehörigen, die unter ihnen leiden.

Christa Meves berichtet von einem ängstlichen Jungen, der, obwohl er bereits sechzehn Jahre alt war, noch immer mit seiner Mutter in einem Bett schlief. »Er wog zwei Zentner, war von den Großeltern aufgezogen worden, die ihm noch heute die Schuhbänder knüpften und die Brotscheiben in Häppchen schnitten, um sie ihm mundgerechter zu machen. Vom dritten Lebensjahr ab wurde dieses zur Unselbständigkeit verdammte Kind folgerichtigerweise immer ängstlicher und wollte abends nicht mehr allein schlafen. Großeltern und Mutter beantworteten die Angst damit, daß einer von ihnen grundsätzlich mit dem Kleinkind zusammen schlafen ging! Und bis heute hatte sich dieser Zustand nicht ändern lassen und viele weitere Schwierigkeiten des Jungen (Schulschwierigkeiten, Kontaktnot und Eigenbrötlertum) heraufbeschworen.«

Es besteht also kein Zweifel: Man kann nicht früh genug damit beginnen, ein Kind zur Selbständigkeit zu erziehen und es so rasch wie möglich an die Übernahme immer größerer Verantwortung zu gewöhnen. Eine allzu besorgte Erziehung ist jedenfalls eine *ernsthafte Gefährdung* für das allmähliche Mündigwerden des Kindes. Sie ist genauso gefährlich wie eine Erziehung, die den Kindern von früh auf Angst einzujagen versucht, indem sie ihnen entweder mit Wesen droht, die es gar nicht gibt, oder sie mit Ereignissen und Geschichten plagt, die gar nicht eintreten werden.

KLEINE ANGEBER IN DER FAMILIE

Wenn Kinder sich ständig zum Mittelpunkt des
allgemeinen Interesses machen

Bestimmt hat jeder in seinem Bekanntenkreis einen Ver-
treter jenes gewissen Menschentyps, der unter übertrie-
bener und ungesunder Geltungssucht leidet: Er ist es,
der an Geburtstagen, Festen, Familienfeiern oder Partys
die ganze Aufmerksamkeit auf sich lenkt, der sich auf
bestimmte ausgefallene Ausdrücke spezialisiert, der sich
ungewöhnlich kleidet, der ausschließlich von sich selber
spricht und der bei allen Vorhaben und Handlungen nur
die eigenen Vorteile und Interessen verfolgt.
Je nach unserer Veranlagung belächeln wir einen solchen
Menschen, oder er irritiert und verunsichert uns. Dabei
müßte man ihn eigentlich bedauern. Denn im Grunde
genommen entspricht dieser unbändige Wunsch, stets
Mittelpunkt des allgemeinen Interesses zu sein, lediglich
einem tiefinneren *Unsicherheitsgefühl*, das bereits bis in
die erste Kindheit zurückgehen kann. Es wird nämlich, so
fand der Psychologe und Psychiater Alfred Adler (1870
bis 1937) heraus, der Versuch gemacht, die eigene Schwä-
che in Stärke zu verwandeln.
Die menschliche Seele funktioniert in diesem Punkt ganz
ähnlich wie der Körper: Ist ein Mensch blind, dann entwickelt sich an Stelle der Sehkraft eine besondere Fein-
fühligkeit und ein besonders gutes Gehör. Ist das Selbstbewußtsein schwächlich, dann bildet die Seele als Kom-
pensation (Ausgleich) oder gar als Überkompensation andere Kräfte aus. Und das bedeutet sehr häufig: Ein
Mensch ohne Selbstbewußtsein wird zum schrecklichen

Angeber, der so tut, als wäre er der Größte, der immer nur um das *eigene Ansehen* bemüht und deshalb auch nur selten in der Lage ist, richtige und sachliche Entscheidungen zu treffen.

Streben nach Anerkennung schon beim Kleinkind

Schon das Kleinkind (zwischen zwei und drei Jahren) besitzt und entwickelt ein ausgesprochenes Selbstwertgefühl (d. i. das Wissen und das Bemühen um die eigene Geltung bei der Mitwelt). Es möchte geliebt und umsorgt sein, beachtet und womöglich bewundert werden. Es möchte seiner Umwelt etwas bedeuten, d. h. es strebt nach Anerkennung. Das Kind ist jetzt stolz auf ein neues Kleid und verkündet strahlend: »Schau mal, was ich heute für ein schönes Hosi anhabe!« Es erlebt mit der Verschönerung seines Äußeren eine Erhöhung seines Wertes.

Dieses Streben nach Anerkennung und Geltung ist ohne Zweifel *natürlich und berechtigt* in dieser Entwicklungsphase. Und Eltern sollten darum auch alles tun, ihre Kinder in diesem natürlichen Selbstwertgefühl und Expansionsdrang zu bestätigen und zu stärken. Das kann zum Beispiel dadurch geschehen, daß Mütter und Väter ihre Kinder bei der Hilfe im Haus oder im Garten zu gleichberechtigten Partnern machen.

Die kindliche Hilfe macht zwar mit Sicherheit mehr Arbeit, aber diese kleinen Unbequemlichkeiten sollten Eltern gerne in Kauf nehmen. Was macht es schon, wenn einmal etwas Porzellan in Scherben geht, wenn in der Hitze des Gefechts der Eimer mit dem Putzwasser umgeworfen wird oder wenn das Auto nach dem Waschen eher verschmiert als sauber aussieht? Die Geduld von Mutter und Vater wird hundertfach belohnt durch das Ergebnis: Ermutigung macht unternehmungslustig, geschickt, selbständig, selbstbewußt und ausgeglichen. Je früher darum Kinder im Elternhaus zum Mitarbeiten und Mithelfen bei den üblichen Tätigkeiten des Alltags erwünscht sind und auch dazu ermuntert und herangezogen werden, desto eher und stärker reifen bei ihnen die für das spätere Leben so notwendige Selbstsicherheit und das so wichtige Vertrauen in die eigenen Kräfte und Fähigkeiten heran. Jede Selbstüberschätzung der Kinder wird damit überflüssig, jedes Zuviel an Werteinschätzung und Hochmut dadurch verhindert.

In einem der oben genannten Elternbriefe (22) heißt es zum Problem der *kindlichen Mithilfe* im Haushalt: »Wenn das Kind beim Abtrocknen helfen möchte, dann sollte man es nicht wegschicken, weil es ›ja doch nur Scherben macht‹, sondern ihm lieber die unzerbrechlichen Topfdeckel und Brettchen geben. Ein Kind hilft nämlich gern, und das Helfen ist eine für das Kind wichtige Arbeit. Wie Eltern sich dazu stellen, das entscheidet schon mit darüber, wie das Kind später in der Schule und im Beruf arbeiten wird. Auch Arbeiten muß Schritt für Schritt gelernt werden, und wer schon bei seinen ersten Versuchen dazu durch ungeduldige oder überbesorgte Eltern gehindert oder zu viel entmutigt wird, der verliert Schwung und Selbstvertrauen.«

Ein Kind muß seine Fähigkeiten erproben können, und zwar ohne sich schuldig zu fühlen, wenn ihm einmal etwas mißlingt. Wer sich anerkannt weiß, wird noch am ehesten bereit sein, gelegentlich auf die Erfüllung seiner eigenen Geltungswünsche, Bedürfnisse und Rechte zugunsten anderer zu verzichten. Daß dieses Verzichten nicht immer leicht ist, sollten wir Erwachsenen eigentlich aus eigener Erfahrung am besten wissen.

Wer von seinen Eltern als Kind viel Ansprache erfahren hat und dabei zu selbständigem Tun ermuntert worden ist, der findet es im späteren Leben leichter, auf andere Menschen zuzugehen. Wer dagegen, wie es der Volksmund sagt, am Schürzenband der Mutter hängenbleibt, läuft Gefahr, zeitlebens ein untüchtiger und unselbständiger Mensch zu bleiben, bei dem dann u. U. später die Ehefrau die Rolle der Mutter übernimmt.

Auch dort, wo körperliche Defekte oder Begabungsschwächen für das Kind Geltungsprobleme schaffen, können die Eltern frühzeitig ausgleichen und helfen. Gerade das behinderte Kind braucht viel *geduldige Ermutigung*, Vertrauen und Zuspruch, um Sicherheit und Selbstvertrauen zu gewinnen. Es braucht jemanden an seiner Seite, der ihm bei der Eroberung und Bewältigung seiner Umwelt eine hilfreiche Stütze ist.

Wo die Geltungssucht ausgesprochen übertrieben ist

Oft beobachten wir, daß es der drei- bis vierjährige Knirps schon ausgezeichnet versteht, seine nächste Umwelt mit allerlei Tricks und Quengeleien in Atem zu halten; er tut es einmal mehr verlegen und verdrossen, ein andermal mehr charmant und kokett, je nachdem, wie es Stimmung und Situation mit sich bringen. Dies ist bis zu einem gewissen Grad durchaus normal und völlig harmlos. Bei einem Kind allerdings, dessen Geltungssucht ausgesprochen übertrieben ist, das ununterbrochen versucht, seine Eltern mit Grimassenschneiden, Lärm, Zerstören seiner Spielzeuge, Spucken, Stampfen, Umstoßen seines Eßgeschirrs von ihrer jeweiligen Tätigkeit abzuhalten und auf sich aufmerksam zu machen, steht die Sache schon anders.

In solchen Fällen sollten sich die Eltern zunächst einmal fragen, was das Kind zu seinem Verhalten veranlaßt und herausfordert. Hier muß man unbedingt prüfen, ob das

Kind gesundheitlich auf der Höhe ist, ob man es mit genügend Verständnis, Beachtung und Zärtlichkeit erzieht und ob man sich auch genug um sein Wohlbefinden kümmert. Man muß sich auch fragen, ob es genügend Erfolgserlebnisse hat (also möglichst wenig Mißerfolge erlebt). Ein Kind muß zum Beispiel spüren, daß seine Eltern seine Zeichnungen, seine Spiele, die von ihm erbauten Türmchen und Häuser, seine ersten Schreibversuche usw. wichtig und ernst nehmen. Das *Lob* »Das machst du aber fein!« oder »Ich freue mich mit dir über diese besondere Leistung« kann oft wie eine Zauberformel wirken. Es bestätigt nämlich dem Kind, daß es eine Aufgabe gut gelöst hat, daß ihm etwas gelungen ist, daß es etwas geleistet hat, das sogar Erwachsenen imponiert.

Lob ist noch immer — nicht nur bei den kleinen, sondern auch bei den großen Kindern — der beste Ansporn. Wo dieses Lob aber gänzlich fehlt oder wo es sogar durch eine allzu strenge Kritik ersetzt wird, da kann es mit der Zeit bei den Kindern zu einem ausgesprochenen Minderwertigkeitskomplex kommen, der sich entweder durch eine abnorme Geltungssucht oder aber, wie im nächsten Kapitel gezeigt wird, durch eine extreme Schüchternheit bemerkbar macht. Ein solcher Minderwertigkeitskomplex kann — darüber sind sich die Psychologen und Pädagogen einig — dem Menschen bis ins hohe Alter hinein zu schaffen machen.

Im Grunde sollte — das sei hier jedoch nur am Rande erwähnt — jede Anstrengung des Kindes (und nicht erst das mehr oder weniger gelungene Ergebnis seines Bemühens) von den Eltern anerkannt und gelobt werden. Nehmen wir ein Beispiel: Ein Kind versucht ein Haus zu malen. Das Bild gelingt nicht so recht, aber die Anstrengung des Kindes war sehr groß. Entsprechend könnte auch die Mutter reagieren und ihrem Kind etwa sagen: »Du hast nicht aufgegeben, das finde ich prima. Wenn du in deinem Leben immer mit soviel Energie an deine Aufgaben herangehst, wirst du es sicher einmal weit bringen. Morgen kaufen wir bessere Farbstifte, dann wird das Haus schon werden.«

Wie aber soll man auf die *unartigen Bemühungen* des Kindes, die elterliche Aufmerksamkeit auf sich zu lenken, reagieren? Am besten mit völliger Gelassenheit und mit augenfälligem Mangel an Interesse. Wenn sich etwa das Kind seinen Breiteller über den Kopf stülpt, sollten Eltern am besten das Zimmer verlassen — ohne zu schimpfen, aber auch ohne darüber zu lachen. Denn ihr Lachen würde dem kleinen Angeber nur beweisen, daß er sein Ziel erreicht hat: Die Eltern beachten ihn.

Gerade das aber wäre an dieser Stelle strikt zu vermeiden. Die moderne pädagogische Verhaltenspsychologie hat nämlich herausgefunden, daß die Beachtung von »unerwünschtem Verhalten« verstärkend — das heißt im Sinne einer Anerkennung und eines Lobes — auf das Kind wirken kann (Werner Correll: Lernpsychologie. 4. Aufl., München/Basel 1971).

Widerstandsköpfe werden nicht geboren, sondern erzogen

In diesen und allen ähnlichen Fällen haben es die Eltern weitgehend in der Hand, Fehlentwicklungen des Kindes durch ihre *Erziehung* zu verhüten. »Trotz- und Widerstandsköpfe« werden nicht geboren, sondern erzogen. Ein großer Teil der Eigenschaften und Verhaltensweisen eines Menschen ist nämlich nicht ererbt, sondern, wie die Verhaltensforscher sagen, durch Erziehung und andere Erfahrungen in der frühen Kindheit — in sehr viel kleinerem Maß auch noch später — erworben. Ernst Ell beschreibt den Sachverhalt so: »Die Neigung zu Trotz und Widerstand liegt in der Natur des Menschen; aber ob diese Neigung geordnet bleibt oder den Charakter stört oder gar zerstört, hängt weitgehend von der Erziehung ab. Wer daher keinen Fehler machen will, muß zuvor wissen, durch welche Umstände die allgemeine Neigung zu Trotz und Widerstand ins Wuchern geraten kann. Aus solcher Erkenntnis muß sich dann die rechte Weise des Erziehens ergeben.«

Das bedeutet für unser Problem: Fehlformen der Erziehung — wie rein autoritärer Zwang, haltloses Gewährenlassen, Verständnis- und Lieblosigkeit, Prügelstrafen, »Affenliebe«, Verwöhnung, Inkonsequenz, Überängstlichkeit usw. — stehen der Ausbildung eines normalen und gesunden Selbstwertgefühls hinderlich im Wege und legen sehr häufig den Grund zu den sogenannten »neurotischen Selbstgefühlsstörungen«, die auch noch für den späteren Erwachsenen eine Quelle dauernden Leides sein können.

Eltern sollten darum von früh auf jede Gelegenheit wahrnehmen, um ihr Kind durch eine vernünftige Erziehung zu einer *gesunden Einstellung* sich selbst gegenüber anzuleiten. »Besonders in den ersten Lebensjahren braucht das Kind sehr viel Stütze und Halt in seinen Eltern, damit es seinen Selbstwert erfahren und damit das Selbstvertrauen wachsen kann« (Magda von Neuerer). Wo dies nicht geschieht, werden einmal mit großer Wahrscheinlichkeit junge Menschen heranwachsen, die in ihrem übertriebenen Geltungsdrang jede Rücksicht auf andere außer acht lassen, die ausschließlich nur sich selbst und ihr eigenes Glück kennen, die zu keiner sachlichen Selbstkritik fähig sind und die, da sie an einem übermächtigen Minderwertigkeitsgefühl leiden, sich überall und immerzu in den Vordergrund drängen.

HEMMUNGEN MACHEN MUNDTOT

Die Fehlentwicklung eines schüchternen Kindes läßt
sich bis in die frühe Kindheit zurückverfolgen

Kein Kind kommt mit Hemmungen auf die Welt. Kein
Kind ist schuld daran, wenn es nicht aus sich herausgehen
kann, wenn es den anderen nicht mitteilen kann, was in
ihm ist. Das heißt: Die Umwelt, als deren Repräsentanten
in den ersten Lebensjahren des Kindes die Eltern, haupt-
sächlich jedoch die Mutter, gelten, machen es erst durch
eine falsche Erziehung zaghaft, seelisch verkrampft, ver-
schreckt und schüchtern.

Solche Hemmungen aber sind ein ernstes Hindernis für
eine gesunde und eigenständige geistig-seelische Entwicklung der kindlichen Persönlichkeit. »Ein Kind, das voller
Hemmungen und Verklemmungen ist, wird . . . seine geistigen Kräfte und Anlagen nicht recht entwickeln können
und — wie alle Erfahrungen bestätigen — erheblich unter
seiner tatsächlichen Leistungsmöglichkeit bleiben« (Werner Wittmann).

Immer wieder kann man die Beobachtung machen, daß
gehemmte und schüchterne Kinder — sei es im Kindergarten oder in der Schule, sei es beim Sport oder beim
Spiel — meistens von den robusteren und forscheren Kindern in den Hintergrund gedrängt werden. Sie haben bisweilen große *Schwierigkeiten*, sich mit ihren gleichaltrigen Kameraden zu verständigen. Sie treffen oft nicht den
richtigen und gängigen Ton, der bei den anderen Jungen
und Mädchen üblich und erwünscht ist, und werden deshalb von diesen nicht selten ausgestoßen, verspottet und
verlacht.

Die Folge ist: Die Kinder werden mit der Zeit befangen, ziehen sich in sich selbst zurück und leiden häufig sehr stark unter ihrer Vereinsamung und Isolierung. Kurzum: Diese Jungen und Mädchen finden sich eines Tages in ihrer »feindlichen« Umwelt überhaupt nicht mehr zurecht. »Viele Kinder bekommen Herzklopfen, beginnen rot anzulaufen, zu schwitzen oder benehmen sich linkisch und scheu, sobald sie Menschen begegnen, die nicht zur eigenen Familie gehören« (Magda von Neuerer).

Und dabei hätten sie gewiß so viel auf dem Herzen, worüber sie sich aussprechen möchten! Aber sie können nicht sprechen, die Worte bleiben ihnen im Hals stecken; sie lassen den Kopf sinken, stottern ein paar Töne und verstummen. Jegliches Selbstvertrauen geht ihnen ab.

Für kindliche Wünsche und Bedürfnisse kein Platz

Ein Beispiel dafür ist die *sechsjährige Renate.* Das ursprünglich lebendige, ungezwungene, frohe und aufgeweckte Mädchen wurde im Verlauf der letzten Jahre zu einem Kind voller innerer Hemmungen. Forderungen ihrer Eltern beantwortete sie mit Unwohlsein, ja mit Erbrechen. An Altersgenossinnen fand sie keinen Anschluß, und alle Schläge, die sie hin und wieder bekam, ließ sie mit Verbissenheit, ja mit stoischer Ruhe und Gleichgültigkeit über sich ergehen.

Schuld an diesem Verhalten trug Renates Mutter. Diese war eine derbe, in der Erziehung ungeduldige und despotische Frau, die mit beiden Beinen auf der Erde stand. In der kleinen Familie war sie tonangebend und beherrschte ihren Mann nicht weniger als ihr Kind. Sie überwachte jeden Schritt ihrer schmächtigen und zierlichen Tochter, und so kam es ihr überhaupt nicht in den Sinn, sich auf Renates kindliche Wünsche und Bedürfnisse einzustellen.

Eigene Regungen und Sehnsüchte des Mädchens wurden von der rigorosen Mutter massiv unterdrückt. Sie wollte ja, wie sie immer wieder sagte, ihr Kind »früh an Ordnung und an Achtung vor der elterlichen Autorität gewöhnen«. Kein Wunder, wenn sich in Renate schließlich das Bild einer Welt entwickelte, in der eigene Wünsche keinen Platz haben und in der Gehorsam um jeden Preis gefordert wird.

In der Schule wirkte sich diese zur Gewohnheit gewordene »übergefügige Haltung« ebenso nachteilig auf die Leistungen aus. Das durchaus intelligente Kind konnte mit seinen Klassengefährten nicht konkurrieren. Es vermochte sich *nicht anzupassen*, denn es war ja sozusagen darauf »geeicht«, nur das zu tun, was ihm von der besorgten Mutter »vorgesagt« wurde. Alle Fragen des Lehrers brachten Renate in große Verlegenheit und Bedrängnis. Jetzt war sie nämlich auf sich allein gestellt; sie persönlich hatte zu antworten. Und das brachte sie immer wieder aus dem Konzept, so daß sie zu stottern und herumzustammeln begann wie ein aufgeregtes Kleinkind. Ellbogenfreiheit besaß sie ja nicht.

Achtung vor der kleinen menschlichen Persönlichkeit

So weit dieses Beispiel, das man um viele weitere, ähnlich gelagerte Fälle vermehren könnte. Vielen Eltern fällt es ausgesprochen schwer, ihr Kind nicht als »kleinen Erwachsenen« oder nicht als das »ewige Dummerchen« zu behandeln. Sie vermögen es nicht, in ihm das Einmalige und Unwiederholbare anzuerkennen, das sich in jeder noch so kleinen Seele darstellt. Im Gegenteil: Sie machen ihr Kind nicht selten durch unangemessene Forderungen und Einschränkungen scheu, ängstlich, unnatürlich und unsicher.

Man kann nicht oft genug betonen, daß Kindererziehen nicht einfach nur eine Hinführung des Kindes zum elterlichen Vorbild bedeutet, sondern vor allem auch eine *Achtung* vor der kleinen — wenn in den Augen der Eltern auch noch gänzlich unreifen — menschlichen Persönlichkeit beinhaltet. Man kann in ein Kind nicht einfach alles »hineinerziehen«, was man als Vater oder Mutter gerne möchte. Man kann einem Jungen oder Mädchen keine Lebenshaltung aufzwingen, die ihrem Wesen und ihrer Veranlagung nicht entsprechen. Ein Kind kann seelisch verkümmern und sogar körperlich erkranken, wenn es unter Bedingungen leben soll, die seiner eigenen Welt nicht gemäß sind. Kindliche Hemmungen sind oft auf solche Erziehungsfehler und Uneinsichtigkeiten der Eltern zurückzuführen.

Jedes Kind hat nun einmal ein Recht auf seine Eigenart — ein Recht auch darauf, »anders« zu sein, als seine Eltern es wünschen und erwarten. Und darum müssen sich Vater und Mutter immer wieder darum bemühen, ihr Kind in seiner Eigenart zu verstehen, um es dann erst richtig »behandeln« zu können. Durch dauernde Vorwürfe und ständige Vorhaltungen — wie: »Sei doch nicht so verkrampft, wenn man dich anredet!« oder: »Sieh gefälligst Frau N. an, wenn du ihr Guten Tag sagst!« — ist noch nie einem Kind geholfen worden. Das unbedachtforsche Verhalten von Renates Mutter hat uns dies ja deutlich vor Augen geführt.

Erziehen und bilden heißt immer: ein Kind seinem Eigenwesen nach fördern. Und darum liegt es ganz wesentlich an den Eltern, ihrem Kind von klein auf eine häusliche Atmosphäre zu schaffen, die ihm volle Entfaltungsmöglichkeiten bietet und sichert. Sie müssen ihm helfen, daß es sich später als Erwachsener der Welt unbefangen stellen kann und mit den Anforderungen des Lebens einmal fertig wird. An ihrer Hand soll das Kind Zuversicht und Selbstvertrauen für das Leben gewinnen.

Wer in seinem Elternhaus aber ein solches Selbstvertrauen und Selbstbehaupten nicht gelernt hat, der wird nicht nur als Kind gehemmt sein, sondern wird auch *als Erwachsener* zu den Menschen gehören, die beladen mit Hemmungen durchs Leben gehen müssen. Und von diesen Menschen gibt es ja heute sehr viele; sie begegnen einem täglich — auf der Straße, beim Einkaufen, im Büro oder sonstwo. »Der eine wird schon rot oder blaß, wenn er sich bei einem Fremden nach dem Weg erkundigen muß — oder wenn ihn ein Polizist anblickt. Der andere beginnt zu zittern und zu schwitzen, wenn der Chef ruft. In seiner Gegenwart ist er nicht fähig, einen vernünftigen Satz zu formulieren. Der dritte beginnt verlegen zu stottern, wenn er sich beobachtet fühlt oder wenn ihm ein Mädchen zulächelt . . .« (Magda von Neuerer).

Mut zusprechen und Vertrauen schenken

Die Fehlentwicklung eines gehemmten Kindes läßt sich — daran gibt es keinen Zweifel — immer bis in die frühe Kindheit zurückverfolgen. Und weil dies so ist, darum braucht ein Kind Eltern, die es nicht durch unangemessene Forderungen und innere Einstellungen scheu und ängstlich machen, sondern ihm *in liebe- und verständnisvoller Weise* immer wieder Mut zusprechen und Vertrauen schenken. Das ist zum Beispiel ganz besonders notwendig, bevor ein Geschwisterchen ankommt, bevor man in eine neue Wohnung bzw. in eine andere Stadt umzieht oder bevor das Kind für längere Zeit unter fremden Menschen sein muß, kurzum: bevor eine neue Lebenssituation eintritt, die dem Kind möglicherweise zu schaffen machen könnte.

Der folgende Fall mag dies ein wenig verdeutlichen: Ein kleines Mädchen von acht Jahren, das mit seinen Eltern in einen neuen Wohnblock umgezogen war, kam jeden Tag mindestens einmal weinend zu seiner Mutter gelaufen und klagte: »Die anderen Buben und Mädchen in diesem Haus stoßen mich immer weg. Sie mögen mich nicht. Ich will gar nicht mehr zu ihnen auf die Straße hinuntergehen und mit ihnen spielen. Diese Kinder sind alle doof.«

Die Mutter versuchte daraufhin mit viel Geduld, Güte und Ausdauer, ihrer Tochter begreiflich zu machen, daß das, was sie über die anderen Kinder alles sage, gewiß nicht stimme. Auch die Jungen und Mädchen in diesem Wohnblock, sagte die Mutter ihr immer wieder, seien gewiß so nett und lieb wie ihre früheren Spielkameradinnen und Spielkameraden und wollten sicher auch mit ihr spielen. Nur müsse sie eben ein wenig bei ihnen ausharren und sich etwas anzupassen versuchen.

Bereits nach wenigen Wochen gelang es dann dem Mädchen, sich in seine neue Umwelt einzuleben und zu den anderen Kindern ein gutes Verhältnis zu gewinnen. Unter der verständnisvollen und klugen Anleitung seiner Mutter konnte es alle anfänglichen Schwierigkeiten von sich abstreifen und in das Leben mit den neuen Kameraden hineinwachsen.

Leider bringen nicht alle Mütter (und auch Väter) in solchen oder ähnlichen Situationen immer das rechte Verständnis und das notwendige Einfühlungsvermögen für ihre Kinder auf.

Jedes unüberlegte Wort, jeder Tadel, jede Zurücksetzung gegenüber anderen Kindern können gehemmte Kinder so empfindlich treffen, daß sie *immer schwieriger* und komplizierter werden. Dafür ein Beispiel: Irmtraut, ein ungewöhnlich schüchternes und stilles Mädchen, hat sich die Freundschaft der munteren und unbekümmerten Inge erworben. Eines Tages sagt Irmtrauts Mutter, ohne zu ahnen, was sie mit ihren unbedachten Worten anrichtet, zu ihrer Tochter: »Ich wundere mich wirklich, warum du immer mit der Inge gehst, die doch manchmal so draufgängerisch und wild ist. Such dir doch lieber eine andere Freundin, die so brav und lieb ist wie du!« Irmtraut war von den Worten ihrer Mutter so tief getroffen, daß sie von nun an die Gesellschaft Inges, ja überhaupt aller Mädchen in ihrer Klasse mied und sich völlig in sich zurückzog.

Liebevolle Vorbereitung auf neue Lebenssituationen

Die Erfahrung zeigt, daß Kinder, die von ihren Eltern liebevoll — und nicht gewaltsam und unüberlegt — auf neue Lebenssituationen vorbereitet werden, sich kaum zu gehemmten, verstörten und einsamen Jungen und Mädchen entwickeln. Betrachten wir als abschließendes Beispiel dafür noch den Fall der sinnvollen Vorbereitung eines Kindes auf die Schule.

Der fünfjährigen Erika wurde schon viele Wochen vor dem »großen Tag« des Schulbeginns immer wieder von der Mutter erzählt, wieviel schöne Dinge man in der Schule lernen und tun darf. Sie hörte auch, daß sie dort mit vielen kleinen und netten Freundinnen zusammenkommen und spielen werde. Schon lange vor Schulbeginn hatte die Mutter ihr auch einmal das Schulhaus und den großen Hof gezeigt und sie dadurch auf ihre künftige Umgebung sozusagen seelisch vorbereitet.

Aber auch auf das Arbeiten wie überhaupt auf Selbständigkeit und Ordnung hatte die Mutter ihre Erika nach und nach glänzend vorbereitet. Bereits geraume Zeit bevor die Schule begann, übertrug die Mutter ihrer Tochter kleine Pflichten, zum Beispiel: im Wohnzimmer Blumen gießen, einen Wellensittich versorgen, ein kleines Stückchen Garten hinter dem Haus pflegen usw. Und regelmäßig hatte sie darauf geachtet, daß das Mädchen diese Aufgaben gewissenhaft und pünktlich erfüllte.

Als Erika dann in der ersten Klasse war, gab es von Anfang an nicht die geringsten Schwierigkeiten und Probleme. Sie kam mit der Lehrerin und mit ihren Mitschülerinnen ausgezeichnet zurecht, und mit Fleiß und Liebe machte sie ihre Aufgaben. Durch die verständnisvolle Führung ihrer Mutter war sie ein seelisch selbständiges Kind geworden und konnte als Schulanfängerin reibungslos und *ohne Hemmungen* den großen Schritt aus der Kleinkindzeit heraus tun.

Mit anderen Worten: Ob ein Kind mit Freude und Eifer oder mit Zittern und Zagen das erste Mal zur Schule geht, hängt ganz wesentlich von der liebevollen Führung und Vorbereitung durch das Elternhaus ab. Kinder, die daheim immer nur behütet und gegängelt werden und wenig mit anderen Kindern spielen dürfen, stehen in der großen Gefahr, keinen rechten Anschluß an ihre Klasse zu finden und dadurch in die Rolle von Außenseitern zu geraten, die von den anderen nicht akzeptiert werden.

Überhaupt sollten Jungen und Mädchen — sowohl vor als auch während der Schulzeit — viel Gelegenheit haben, mit anderen Menschen, besonders mit anderen Kindern, zusammenzukommen. Eltern dürfen ihre Kinder nicht einfach in ihrer Familie einschließen und ihnen damit jede Möglichkeit zu einer fruchtbaren Auseinandersetzung mit der Umwelt nehmen. Im Gegenteil: Sie müssen ihnen durch den Umgang mit anderen helfen, sich zu entfalten und aus sich herauszugehen. »Unsere Kinder werden sich einmal nicht zu Einzelgängern entwickeln, wenn wir sie früh genug mit andern Kindern zusammenbringen und ihnen Gelegenheit zum gemeinsamen Spiel geben« (Jean Vimort).

BETTNÄSSEN – DAUMENLUTSCHEN – NÄGELKAUEN – STOTTERN

Symptome, die nichts mit Bosheit oder mangelndem guten Willen zu tun haben

Es gibt Jungen und Mädchen, die nässen noch während der Schulzeit regelmäßig ihr Bett ein; oder lutschen noch mit acht oder neun Jahren tagsüber gedankenverloren am Daumen; oder beißen manchmal ihre Fingernägel so weit ab, daß Entzündungen entstehen; oder sie fangen im Laufe der Jahre plötzlich an zu stottern.

Kinder, die sich so verhalten, tun dies wahrhaftig nicht aus Bosheit, sondern weil sie irgendwelche Gründe dafür haben. Ihre »Unarten« sind meistens der sichtbare Ausdruck bestimmter ungelöster *Konflikte* und *Probleme,* unter denen sie stark leiden und die ihnen nur in den seltensten Fällen bewußt sind. Es sieht so aus, als seien diese Kinder plötzlich um Jahre in ihrer Entwicklung zurückgeworfen worden. Eltern und Erzieher, die solche Kinder haben, stehen diesen Verhaltensweisen oft verständnis- und hilflos gegenüber.

Es dürfte wohl jedem klar sein, daß man nicht mit oberflächlichen Strafen und Verboten gegen das Bettnässen, Daumenlutschen, Nägelbeißen oder Stottern angehen kann. Es hilft also nichts, ein unglückliches Kind in seinem nassen Bett zu verprügeln, dem ertappten Daumenlutscher auf die Finger zu hauen, die Fingernägel mit übelschmeckenden Mixturen zu bestreichen oder das stotternde Kind mit einer Einbuße seines Taschengeldes zu bestrafen. Im Gegenteil: Damit kann man vielleicht die äußeren Symptome vorübergehend beseitigen und kurieren, während man gleichzeitig viel größere psychische Schädigungen heraufbeschwört.

Trotzdem erdulden viele Kinder noch heute ein wahres Martyrium, weil sie einnässen, am Daumen lutschen, an den Fingernägeln beißen oder stottern und ihre Eltern oder Pflegepersonen damit in eine oft unbeherrschbare Wut treiben. Viele der heute mißhandelten Kinder werden gerade wegen ihrer Leiden geprügelt (sogar totgeprügelt) — und das vor allem, weil die Erwachsenen keine Kenntnis über die *Ursachen* der kindlichen Schwierigkeiten haben und glauben, es handle sich um Ungezogenheiten, die man mit Strafen bekämpfen könne. So geht es aber nicht.

Wichtig ist vielmehr, daß Eltern und Erzieher sich darum bemühen, die oft versteckten und verborgenen Konflikte, von denen die auffälligen Verhaltensweisen und Schwierigkeiten ihrer Kinder verursacht sind, herauszufinden und zu beseitigen. Je gründlicher und früher dies geschieht, desto größer ist die Chance, daß die »Unarten« und »Angewohnheiten« eines Tages wieder verschwinden. Wie das im einzelnen aussehen kann, soll im folgenden ein wenig deutlich gemacht werden.

Bettnässen: Furcht vor dem Großwerden

Beginnen wir mit dem *Bettnässen* (Enuresis). Wenn Kinder mit neun, zehn oder mehr Jahren noch während der Nacht regelmäßig einnässen, dann sind sie — von ganz wenigen Ausnahmen abgesehen — fast nie organisch krank (haben es also nicht »an der Blase«), sondern immer nur seelisch. Dieses seelische Leiden kann, ohne daß die Kinder darum wissen, verursacht sein durch Unsicherheit oder Angst, durch Minderwertigkeitsgefühle, durch schulische Überforderung, durch ein neues Geschwisterchen in der Familie, durch Streit zwischen den Eltern, durch Scheidung oder durch eine krankhafte Entwicklungsverzögerung.

Fast immer steckt hinter dem nächtlichen Einnässen unbewußt folgende Tatsache: Das Kind unternimmt einen verzweifelten Fluchtversuch in die frühe Kindheit. Es vermißt Liebe und ein gesundes familiäres Klima. Es fällt in ein »infantiles Stadium« zurück, weil es Furcht vor dem Großwerden hat und deshalb nicht groß werden will. Es möchte nicht älter werden, sondern vielmehr von der Mutter wie ein hilfloses Kleinkind umsorgt und beschützt sein. Kurzum: Es leidet unter einer seelischen Spannung und reagiert darauf mit einer verspannten Blase.

Das Kind näßt also keineswegs aus Protest das Bett ein, etwa weil die Mutter es mit langwierigen Topfsitzungen quälte (ein solches Kind bleibt meist erstaunlich sauber, hat aber viele andere Leiden); es näßt auch nicht ein, weil niemand es rechtzeitig an Sauberkeit gewöhnte (eine russische Forschergruppe hat herausgefunden, daß die Art Mensch im 4. Lebensjahr auch ohne Dressur von selbst sauber wird). Nein, das Kind näßt deshalb ein, weil seine Seele hungrig ist, weil es zu wenig Anerkennung bekommt, weil es voller Unruhe und Spannung ist, weil seine Bezugspersonen nicht genug Zeit für es haben. »In 99 von 100 Fällen von Bettnässen will das Kind seine Mutter darauf aufmerksam machen, daß es Liebe vermißt« (Magda von Neuerer).

Eltern sollten gegen das Bettnässen nicht direkt vorgehen, also ihr Kind deswegen weder schlagen noch tadeln. Tun sie es dennoch, können sie u. U. das Übel noch verschlimmern. Ebenso falsch wäre es, das Kind wegen seiner »Krankheit« vor seinen Kameraden oder vor den Verwandten bloßzustellen. Auch Hausmittel, Tabletten oder Vorbeugungsmaßnahmen — etwa dem Kind abends nichts mehr zu trinken geben oder es vor Mitternacht noch einmal zur Toilette gehen lassen — helfen gegen das Bettnässen nur in den seltensten Fällen.

Was in erster Linie not tut, ist, daß Vater und Mutter ihrem Kind *viel Verständnis* und viel Güte entgegenbringen, daß sie ihm besondere Erweise ihrer Liebe und Aufmerksamkeit schenken, daß sie bereits den kleinsten Fortschritt, der zu beobachten ist, loben und in dieser Zeit auch sonst etwas großzügiger als gewöhnlich sind. Denn oft ist es ja doch so, daß etwa der zehnjährige Junge oder das neunjährige Mädchen, die immer noch einnässen, ihre Situation selber als beschämend und erniedrigend empfinden und verzweifelt gegen diesen Zustand anzugehen versuchen.

Auch Christa Meves vertritt die Auffassung, daß die wichtigste Hilfe für bettnässende Kinder darin besteht, daß diese Jungen und Mädchen endlich die seelische Zuwendung bekommen, auf die sie seit ihrer Säuglingszeit haben verzichten müssen. Wie das etwa geschehen könnte, zeigt die Autorin an folgendem Beispiel: »Günstig wirkt es sich z. B. aus, wenn die Bezugsperson sich vor dem Einschlafen an das Bett des Kindes setzt, ohne daß andere Personen, auch keine anderen Kinder, mit im Raum anwesend sind, und eine gemütliche halbe Stunde mit dem Kind vollzieht. Da kann ein Apfel, eine Banane, eine Apfelsine umständlich genüßlich geschält und gemeinsam Stück für Stück verzehrt werden. Es sollte dabei geplaudert, nicht gefordert, nicht moralisiert werden: Dann könnten Mutter und Kind gemeinsam ein Buch anschauen und partienweise umschichtig lesen (nicht Mutter allein, das verstärkt die sich anbahnende Passivität des Kindes). Es ist auch sehr sinnreich, das Kind für ein trokkenes Bett mit einer geliebten, nicht alltäglichen Kleinigkeit zu belohnen und das nasse Bett zu ignorieren.«

Nicht immer wird es jedoch den Eltern gelingen, den verborgenen Grund für das Bettnässen ihres Kindes zu finden und zu beseitigen. In solchen Fällen sollten sich Vater und Mutter an einen *Erziehungsberater* (oder an einen Schulpsychologen) wenden. Ein solcher Fachmann ist aufgrund seines Wissens und seiner Erfahrung imstande, der psychischen Störung des Kindes auf die Spur zu kommen und den Hebel zielgerecht an der Stelle anzusetzen, an der das Kind Hilfe braucht. Er kann, da er außerhalb des familiären Geschehens steht, unbeeinflußt urteilen und die Beziehungen zwischen dem auffälligen Kind und seinen Eltern objektiv analysieren. Und deswegen tut man gut daran, dem Kind jede Scheu vor einer Unterhaltung oder einem Test mit einem solchen »Seelenfachmann« zu nehmen und diesen als einen Arzt zu betrachten, vor dem man keine Geheimnisse haben darf, wenn er helfen soll. Besonders wichtig ist dabei, »daß die Eltern niemals die Geduld verlieren, auch wenn sich die Behandlung manchmal länger hinzieht« (Hans Georg Arlt).

Gleiches gilt natürlich auch für den Fall, daß Kinder, vor allem Buben, noch im Schulalter tagsüber unwillkürlich einkoten, obwohl sie früher schon völlig sauber waren. Man nennt dieses Leiden Enkopresis. Die Ursachen sind meist seelischer Art (zum Beispiel Milieuschäden zu Hause oder Schulschwierigkeiten), so daß die Krankheit dann ebenfalls nur durch einen psychologischen Fachmann behandelt werden kann.

Daumenlutschen: Rückfall ins Kleinkindalter

Auch das *Lutschen am Daumen* ist bei älteren (z. B. zehn- oder elfjährigen) Kindern ein Zurückfallen in ein babyhaftes Stadium. Solche Jungen und Mädchen befinden sich in einer Krisenzeit und haben irgendwelche Probleme und

Schwierigkeiten zu bewältigen. Das sollte man als Vater oder Mutter wissen, bevor man auf sein Kind, das u. U. nicht nur nachts, sondern auch tagsüber am Daumen lutscht, einfach »draufschlägt«.

Daumenlutschende Kinder haben sich »babysiert«, um mit dieser — ihnen völlig unbewußten — Protesthaltung die Liebe und Fürsorge ihrer Eltern zurückzurufen, die sie als Kleinkind genossen haben. Mit anderen Worten: Das Kind, das vielleicht versonnen in einer Ecke steht und an seinem Daumen lutscht, fühlt sich von seiner Umgebung verlassen, ja bedroht. Es fühlt sich einsam in dieser Welt und sucht daher Trost am Daumen. Das Lutschen selbst wird als eine angenehme Betätigung und als lustvolles Tun in einer unangenehmen Umgebung empfunden.

Gegen ein solches kindliches Verhalten helfen in erster Linie anregende Beschäftigungen und angenehme Tätigkeiten. Die Eltern müssen während dieser Zeit vor allem die Neigungen, Interessen und Hobbys ihres Kindes fördern und ihrem Daumenlutscher besonders viel Zeit widmen. Darüber hinaus können kleine besondere Aufmerksamkeiten und Zärtlichkeiten Wunder wirken und einen beruhigenden Einfluß auf das Kind ausüben. Alte Hausmittel wie Anbinden der Arme, »Däumlinge« aus Stoff oder Einpinseln des Daumens sowie Verbote, Bestrafungen und Schläge verschlimmern dagegen nur noch das Übel und vergrößern die inneren Spannungen und Nöte des Kindes.

Leider erlebt man es nicht selten, daß Eltern ihrem daumenlutschenden Kind mit dem traurigen Schicksal des Daumenlutschers im »Struwwelpeter« drohen: »Und vor allem, Konrad, hör', lutsche nicht am Daumen mehr! Denn der Schneider mit der Scher' kommt sonst ganz geschwind daher. Und die Daumen schneidet er ab, als ob

Papier es wär'.« Ein *solches Drohen* mit dem blutrünstigen Schneider ist gröbster Unsinn!

Es ist im übrigen bis heute noch nicht nachgewiesen, daß das Daumenlutschen zu einer anatomischen Verformung des Kiefers (oder zu einer Verkümmerung des Daumens) führt. Alles Lamentieren darüber ist daher überflüssig und verfehlt. (Auch bei Nichtlutschern finden wir häufig Kieferdeformationen!) Vielmehr sollten sich Eltern darum bemühen, daß eine rechtzeitige Abhilfe durch eine zahnärztliche Kieferregulierung geschaffen wird.

Nägelkauen: Ausweichen bei Belastungen

Dem kindlichen Daumenlutschen eng verwandt ist das heute bei relativ vielen heranwachsenden Kindern zu beobachtende *Nägelkauen.* Auch das Nägelkauen ist ein sicheres Anzeichen dafür, daß in der Seele des Kindes irgend etwas nicht stimmt, denn Fingernägel haben keineswegs einen besonders guten Geschmack, und bei regelmäßiger Pflege ist es auch unnötig, sie mit den Zähnen zu bearbeiten.

Nach allen neueren Erkenntnissen ist das Nägelkauen Ausdruck einer inneren Spannung, eine Art Ausweichreaktion, so wie angespannte und nervöse Erwachsene zwanghaft mit einem Bleistift spielen, Kaugummi kauen, Männchen malen, rauchen, übermäßig essen und trinken oder mit den Augen zwinkern. Und darum tritt dieses Übel auch meist dann auf, wenn eine Belastung auf das Kind zukommt: der Eintritt in den Kindergarten oder in die Schule, ein Ortswechsel, der Verlust eines Spielgefährten oder familiäre Schwierigkeiten.

Sehr häufig ist das Nägelbeißen ein Alarmzeichen für eine Erziehung, die *zu streng* und zu hart ist, die die kindliche Freiheit und den kindlichen Entfaltungsdrang zu sehr einengt und unterdrückt. »Kinder, die nägelkauen, leiden häufig unter einer kritisierenden Erziehungshaltung« (Tobias Brocher). Wenn Kleinkinder nie etwas zerreißen, nie etwas zerstören, nichts schmutzig machen oder nie laut schreien dürfen, dann richten sie den angestauten (an sich natürlichen) Zerstörungsdrang gegen sich selbst. Das heißt: Die Kinder beißen ihre Nägel ab. Hier haben sie das, was ihnen sonst fehlt; sie erleben und fühlen den Erfolg ihres Tuns.

Darum findet man das Nägelkauen auch kaum bei Kindern, denen man von Anfang an genügend Freiheit läßt, sich auszutoben, denen man ihren Tätigkeitsdrang nicht unnötig einschränkt und denen man die Möglichkeit gibt, ihren Zerstörungsdrang und ihre Angriffslust an harmlosen Dingen (zum Beispiel an alten Katalogen oder Kartons) abzureagieren. Jedes Kind hat ja ein bestimmtes Selbstwertgefühl, und dieses darf nicht unterdrückt — aber auch nicht übersteigert — werden, wie im dritten Kapitel bereits ausführlicher dargelegt wurde.

Eltern, die ein Kind haben, das immer wieder an seinen Nägeln knabbert, sollten dieses nicht ständig ermahnen oder ihm auf die Finger schlagen oder auf den häßlichen Anblick hinweisen. Ein solches Verhalten hilft gar nichts. Solange die *seelische Belastung* nicht beseitigt ist, ist nichts gewonnen. Im Gegenteil: Es können u. U. andere Symptome auftreten, die noch schwerwiegender und noch unangenehmer sein können.

Am einfachsten wäre es natürlich, die Eltern würden die einmal erkannten Erschwernisse für das Kind beheben, aber das ist leider nicht immer möglich. So können Vater und Mutter nur dafür sorgen, daß dem Kind eine ausgleichende Harmonie in der Lebensgestaltung zuteil wird, indem sie Perioden der Ruhe (zum Beispiel wenig Krimis im Fernsehen) mit anderen, interessanten Tätigkeiten abwechseln lassen — eine »Therapie, die auch bei erwachsenen Suchtkranken gute und dauerhafte Erfolge hat« (Hellmuth Kobusch).

Stottern: Mangel an Selbstvertrauen

Neben Bettnässen, Daumenlutschen und Fingernägelkauen ist vor allem noch das *Stottern* zu nennen, das bei vielen Kindern bereits im vierten Lebensjahr beginnt und in verschiedenen Formen auftritt. »Beim Stottern«, so definiert Professor Heinrich Kratzmeier, »handelt es sich um eine Störung, bei der das normale Zusammenspiel von Atmung und Lautbildung nicht mehr vorliegt.« Entweder das Kind wiederholt Wörter und Silben oder es beginnt mehrfach Wort- oder Satzanfänge oder es hört mitten im Sprechen auf und spricht erst nach ein paar Sekunden weiter. Dabei bewegt sich seine Atem-, Stimm- oder Artikulationsmuskulatur krampfartig, was meistens von Mitbewegungen des Gesichtes, ja manchmal auch der Schultern, der Arme und der Hände begleitet wird.
Für ein solches Verhalten gibt es verschiedene Ursachen. Äußerst selten steckt dahinter ein körperlicher Fehler, meistens aber ein seelischer Schaden. In sehr vielen Fällen ist das Stottern Ausdruck dafür, daß das Kind übertriebene Angst und starke Hemmungen hat und daß es ihm an einem gesunden Selbstvertrauen mangelt. Dietmar Rost schreibt dazu: »Vielleicht trägt der Vater die Schuld, der ständig die Kinder bedroht oder schlägt. Oder die Mutter, die keinen in der Familie zu Wort kommen läßt und ständig unterbricht, wenn einer was sagen will. Hier wird Stottern zur Anklage gegen eine unbeherrschte und unnatürliche Umwelt.«
Aber nicht nur bei den Eltern muß die Ursache für die Sprachstörung des Kindes gesucht werden. Es kann zum

Beispiel ebenso sein, daß sich ein Kind im Wettbewerb mit seinen Geschwistern in eine tiefe Angst hineingesteigert hat oder daß es sich vor dem großen Nachbarhund oder vor einem Traumgespenst fürchtet und deswegen keinen Ton herausbringt. Dann ist das Stottern dem Zustand im Traum vergleichbar, in dem man schreien möchte, aber dazu nicht in der Lage ist.

Das stotternde Kind trägt meistens eine innere Belastung mit sich herum, mit der es nicht fertig geworden ist. Es hat darum keinen Sinn, es auszuschimpfen (»Warte nur, bis der Papa nach Hause kommt!«), es zu kritisieren (»Sprich langsam, stottere nicht so herum!«) oder ihm zu sagen, es solle sich gefälligst »zusammenreißen«. Man würde das Kind damit nur noch mehr in seinem Selbstwertgefühl und Selbstvertrauen treffen und genau das Gegenteil von dem erreichen, was man zu erreichen hoffte. Wird es von seinen Spielkameraden und Altersgenossen wegen seines Sprachfehlers gar noch ausgelacht, so wird das seine Ängstlichkeit und Schüchternheit immer weiter steigern und immer fester einwurzeln.

Was das Kind braucht, ist *Nestwärme, Zuwendung, Geduld* und vor allem jemand, der ihm zuhört, der es aussprechen läßt, der es beruhigt, der es nicht immer wieder zum schönen Sprechen anhält — vor allem nicht vor fremden Leuten — und der es nicht ständig zu Wiederholungen zwingt. Darüber hinaus muß dem Kind viel Gelegenheit gegeben werden, sich möglichst unbefangen und unbewacht zu bewegen und herumzutollen, damit es in natürlicher Umgebung lernt, sich natürlich zu verhalten. Gut ist auch, wenn mit dem Kind oft gesungen wird, »weil die Sprache mit Hilfe der Melodie Sprachhürden überspringen kann« (Magda von Neuerer).

Hier ein paar weitere empfehlenswerte Ratschläge für Eltern stotternder Kinder: »Mit einem stotternden Kind sollten wir selbst besonders ruhig sprechen. Die Ruhe überträgt sich auf das Kind und erleichtert ihm das Sprechen. — Wir müssen dem Kind helfen, Freunde zu finden. Das Spielen und Sprechen mit Gleichaltrigen, die nämlich von dem Stottern gar keine Notiz nehmen, macht dem Kind Mut und hilft ihm, die Sprachstörungen zu überwinden. — Wenn das Kind gezwungen ist, mit Menschen zusammen zu sein, die es nicht mag, wird sich das Stottern verschlimmern. Kommt zum Beispiel immer eine Nachbarin zum Aufpassen, die das Kind ablehnt, gegen die es sich vielleicht sogar mit Weinen wehrt, dann sollten wir auf die Hilfe dieses Menschen lieber verzichten. — Ein stotterndes Kind sollten wir nicht als Boten benutzen, um fremden Leuten eine mündliche Nachricht zu überbringen. — Ein stotterndes Kind braucht auch nicht zum Geburtstag des Großvaters ein Gedicht aufzusagen!« (Elternbrief 28).

Viele Kinder überwinden das Stottern durch die Hilfe ihrer Eltern. Sollte sich aber im Laufe der Zeit (in den ersten Schuljahren) gar keine Besserung zeigen, dann kann nur noch eine *spezielle Behandlung* (Sprachheilunterricht usw.) durch Fachleute helfen. Diese Fachleute sind imstande, die Ursache der Sprachstörung zu finden und (erfolgreich) zu beseitigen. Schule und Schulamt, Kinder- und Hausarzt, Gesundheits- und Jugendamt können Auskunft darüber geben, wo es gute Behandlungsmöglichkeiten gibt.

Eine solche Behandlung — darauf sei noch abschließend hingewiesen — ist, wenn sie etwa durch eine Erziehungsberatungsstelle oder durch die Sprachheilfürsorge des Gesundheitsamtes durchgeführt wird, für die Eltern des stotternden Kindes völlig kostenlos. Bei einer Behandlung außerhalb dieser Stellen, zum Beispiel bei einem Facharzt für Sprachstörungen oder bei einem Logopäden (Sprachlehrer), übernehmen vielfach die Krankenkassen die entstehenden Kosten.

Um es aber noch einmal zu sagen: Eltern sollten mit ihrem Kind erst dann in eine Sprachheilschule oder zu einem Facharzt bzw. Sprachlehrer gehen, wenn der Sprachfehler ihres Jungen oder Mädchens wirklich schlimm ist und wenn er sich in den ersten Schuljahren absolut nicht bessert. Meistens können Vater und Mutter selbst Abhilfe schaffen, indem sie möglichst wenig an ihrem stotternden Kind herumerziehen, indem sie es nicht ständig kritisieren, indem sie das Kind immer wieder beruhigen (also ihm zum Beispiel die Hand auf die Schultern legen, wenn es zu sprechen beginnt) und indem sie es vor allem nicht zu Leistungen anspornen, die es nicht erfüllen kann.

KONZENTRATIONSSTÖRUNGEN KÖNNEN VIELE GRÜNDE HABEN

Eltern und Erzieher sollten intensiv den möglichen
Ursachen nachgehen

Konzentrationsstörungen scheinen zu einer Zeitkrankheit
vieler Kinder zu werden. Zahlreiche Eltern und Lehrer
klagen darüber, daß sich ihre Kinder nicht mehr auf eine
Aufgabe konzentrieren können, in den Tag hineinträu-
men, müde herumliegen und große Schwierigkeiten haben, in der Schule mitzukommen. Schuld daran, so hört
man sie immer sagen, sei einzig und allein die heutige
Geräuschkulisse des Fernsehens, des Films, des Radios
und der Schlagerwelt. Diese Medien seien ausschließlich
dafür verantwortlich, daß sich viele Kinder heute immer
mehr verzettelten, daß sie ihrem Gedächtnis kaum noch
etwas einprägen könnten und daß sie oft nicht mehr in
der Lage seien, sich selbst zu beschäftigen oder sich kon-
zentriert und gesammelt mit einer Sache abzugeben.
Eine solche Feststellung ist ebenso richtig wie einseitig,
denn Konzentrationsstörungen können sehr verschiedenartige Hintergründe haben. Die genannte Eindrucks- und
Erlebnisüberreiztheit, von der ja schon im ersten Kapitel
kurz die Rede war, kann für eine Konzentrationsstörung
des Kindes verantwortlich sein; sie kann zu dem führen,
was man landläufig als starke Zerstreutheit, Zappeligkeit
oder »Schulmüdigkeit« bezeichnet. Aber sie ist nur *eine*
mögliche Ursache.
Aufgrund umfangreicher Untersuchungen in Erziehungs-
beratungsstellen wissen wir, daß es noch *viele andere*
Möglichkeiten gibt, die eine Konzentrationsstörung (d. i.

eine länger anhaltende Einschränkung der Konzentrationsfähigkeit) bedingen können. So etwa Wachstums- oder Entwicklungsstörungen im Kleinkindalter, eine verfrühte Einschulung des Kindes, seelische Schocks, Überforderungen der kindlichen Leistungsfähigkeit, Krisen in der Vorreifungs- und Reifungszeit, schlechte Wohnverhältnisse, Erschöpfungszustände durch unzureichenden Schlaf, eine Gehirnhautentzündung, grobe Erziehungsfehler, eine Schädigung des Gehirns (bei der Geburt oder schon während der Schwangerschaft), Gegensätze zwischen Elternhaus und Schule u. a. m.

Aufmerksamkeit unterliegt rhythmischen Schwankungen

Bevor man ein Kind als konzentrationsgestört bezeichnet, sollte man sich einiger Erfahrungstatsachen vergewissern. So haben zum Beispiel eingehende Untersuchungen von Ärzten und Psychologen ergeben, daß die Aufmerksamkeitshaltung der Kinder im Laufe eines Tages rhythmischen Schwankungen unterliegt. Im Ablauf eines Tages gibt es einen Aufmerksamkeitsgipfel morgens um 10 Uhr; ein zweiter liegt etwa um 16 Uhr am Nachmittag. Dazwischen liegt ein deutliches und unübersehbares Leistungstief.

Ein Kind, das körperlich oder seelisch labil (anfällig) ist, kann in dieser Zeitspanne infolge seiner natürlichen Ermüdung fast konzentrationsgestört wirken. In Wirklichkeit ist es aber nur abgespannt und braucht Erholung und Spiel. Wenn ein solches Kind dazu noch mittags zwischen 13 und 14 Uhr, also zur Zeit des größten Aufmerksamkeitstiefs, entweder (im Rahmen eines Schichtunterrichts) in die Schule muß oder aber zu Hause seine Hausaufgaben anfertigen soll, wundert es nicht, daß seine Konzentration mangelhaft ist.

Magda von Neuerer schreibt dazu: »Jeder Organismus hat einen ganz bestimmten Rhythmus. Leistungshoch und -tief wechseln einander ab. Wer sein Kind zur Zeit seines Tiefs (meistens kurz vor und nach Mittag) zu Hochleistungen antreibt, wird nicht nur enttäuscht, er macht sein Kind mutlos und damit leistungsschwach. Deshalb gilt es, den Rhythmus des Kindes herauszufinden. Normalerweise ist die Leistungskurve nachmittags zwischen 15 und 16 Uhr am höchsten.«

Auch im Ablauf eines Jahres läßt sich ein gewisser Rhythmus beobachten. In den Monaten Mai bis Juli weisen Aufmerksamkeit und Lernlust einen Tiefstand auf, bedingt durch den Wechsel der Jahreszeiten und die Hitze des Sommers. Viele Kinder erscheinen in diesem Zeitraum in der Schule *lahm und apathisch* (teilnahmslos), obgleich sie außerhalb der Schule körperlich in bester Verfassung sein können. Erst im Herbst und Winter zeigt die Aufmerksamkeitshaltung eine größere Beständigkeit.

Solche natürlichen Aufmerksamkeitsschwankungen sind aber keineswegs mit den Konzentrationsstörungen, die uns hier beschäftigen, gleichzusetzen. Eine Konzentrationsstörung zeichnet sich durch eine gewisse Dauer aus und kann einen sehr verschiedenartigen Hintergrund haben. Diesen Hintergrund müssen Eltern und Erzieher kennen, wenn sie der Konzentrationsstörung ihres Kindes zu Leibe rücken und erreichen wollen, daß ihr Kind wieder den rechten Weg zu einer konzentrierten und erfolgreichen Arbeit findet.

Konsultation eines Arztes immer empfehlenswert

Zunächst muß festgestellt werden, daß Konzentrationsstörungen auf *organischen Ursachen* beruhen können. Darum ist es immer ratsam, erst einmal einen Arzt aufzusuchen und zu konsultieren. Die Skala der körperlichen Verursachungsmöglichkeiten ist breit gefächert. So können als organische Ursachen zum Beispiel falsche Ernährung und Vitaminmangel, gestörter oder unzureichender Schlaf (zwischen dem 6. und 12. Lebensjahr z. B. braucht das Kind etwa 11 Stunden, danach reichen 10 Stunden Schlaf), gesteigerte Schilddrüsenfunktion, Blutarmut, Hör- oder Sehfehler, hormonelle Störungen oder Schädigungen des Zentralnervensystems angenommen werden. Zwei Beispiele mögen diesen Sachverhalt einmal verdeutlichen.

Der vierzehnjährige Karl-Heinz hatte große Schwierigkeiten in der Schule. Lehrer und Eltern führten dies übereinstimmend auf seine mangelnde Konzentration zurück. Im Unterricht beschäftigte sich der Junge immer wieder mit anderen Dingen, wußte meistens gar nicht, was zu arbeiten war, und träumte nur so in den Tag hinein. Er mußte ständig während der Schulstunden ermahnt werden. Die Mutter klagte darüber, daß Karl-Heinz sich bei der Erledigung der Hausaufgaben immer ablenken lasse und auch im Spiel alle Augenblicke seine Tätigkeiten wechsle.

Daraufhin wurde das Kind einer gründlichen medizinischen Untersuchung unterzogen. Dabei stellte sich heraus, daß die Konzentrationsstörung des Jungen die Folge einer (geringfügigen und für die Intelligenz des Kindes völlig unbedeutenden) hirnorganischen Schädigung war. Karl-Heinz wurde danach sofort medikamentös behandelt. Schon nach wenigen Monaten zeigte sich, daß seine Unruhe, Sprunghaftigkeit und Ablenkbarkeit deutlich nachließen, weil die Störung ganz allmählich abflachte und zurückging.

Das zweite Beispiel: Der neun Jahre alte Peter fiel dem Klassenlehrer durch seine große Zappeligkeit, Nervosität und Zerstreutheit auf. Das Kind rutschte während der Unterrichtsstunden unablässig auf seinem Stuhl hin und her, verzog bisweilen das Gesicht, rieb sich in kurzen Abständen die Nase und machte sich mit seinen Händen immer wieder am Gesäß zu schaffen. Keine Tätigkeit fesselte den Jungen, er war nie richtig bei der Sache. Früher war Peter viel ruhiger, ausgeglichener und konzentrierter gewesen.

Der Lehrer ließ aufgrund dieser Beobachtungen einmal die Eltern zu sich kommen und empfahl ihnen, mit dem Jungen zum Arzt zu gehen. Dieser stellte dann fest, daß Peter Madenwürmer (Oxyuren = 3—10 mm lange, fadenartige Würmchen, die im Dickdarm leben) hatte, die ihn plagten und beunruhigten. Das Kind unterzog sich daraufhin einer Wurmkur, und nachdem diese erfolgreich beendet war, ließen auch bald Peters Zappeligkeit und Unruhe nach.

Beide Beispiele machen deutlich, wie wichtig es ist, daß sich Eltern immer erst an einen Arzt wenden, wenn sie einer Konzentrationsstörung ihres Kindes »zu Leibe rükken« wollen. Dagegen sollten sie vom Kauf oftmals verheißungsvoll angepriesener »Stärkungsmittel zur Konzentrationsfähigkeit« oder anderer Drogen und Aufputschmedikamente Abstand nehmen, da sie die Eignung für den jeweiligen Fall kaum selbst beurteilen können.

Statt »Konzentrationspillen« sollten Eltern ihren Kindern lieber viel Vitamine, besonders das Vitamin B_1, geben. Leider ist nur ein Drittel der deutschen Schulkinder — das ging aus einer Untersuchung von Schulärzten hervor — ausreichend mit Vitamin B_1 versorgt, das speziell für die Funktion von Gehirn und Nerven und damit für die geistige Leistungsfähigkeit eines Kindes notwendig und unentbehrlich ist. Vitamin B_1 ist vor allem in Schweinefleisch und Vollkornbrot sowie in Hefe und Nüssen enthalten.

Konzentrationsstörungen des Kindes können aber auch *psychische Ursachen* haben. Man kann immer wieder die Beobachtung machen, daß Kinder, die von Problemen innerlich stark beansprucht sind, sich einfach nicht konzentrieren können. Die seelischen und geistigen Kräfte, die zu einer Aufmerksamkeitsleistung notwendig wären, werden durch die Verarbeitung eines oder mehrerer Probleme einfach aufgebraucht. Und darum sind Konzentrationsstörungen oft das äußere Alarmsignal für innere (ungelöste) Konflikte.

Die zwölfjährige Gisela konnte sich zum Beispiel nach den Sommerferien in der Schule nicht mehr konzentrieren. Bislang war sie eine überaus eifrige und rege Schülerin gewesen, doch plötzlich hatte sie kein Interesse mehr am Unterricht, zeigte sich verschlossen und schaute traurig und verträumt in die Welt. Sollte sie während der Unterrichtsstunden irgendwelche schriftlichen Aufgaben bewältigen, dann kaute sie meistens nur an ihrem Füller herum und beobachtete, welche Wirkung die Zähne auf das Material ausübten. Erst nach zwei Wochen brachte die Lehrerin heraus, was für Giselas ungewöhnliches Verhalten verantwortlich war.

Folgendes hatte sich ereignet: In den letzten Ferientagen war die Großmutter des Mädchens gestorben. Gisela hatte sie sehr lieb gehabt und konnte sich mit ihrem Tod noch gar nicht abfinden. Die Verarbeitung des Trauerschmerzes nahm das Mädchen so in Anspruch, daß es den in der Schule dargebotenen Lehrstoff nur ungenau oder gar nicht aufnahm und mit ihm auch in den nächsten Wochen nur wenig in der Schule anzufangen wußte. Erst nach zwei Monaten, als die seelische Spannung abgeklungen war, war es wieder die frühere aufmerksame Schülerin.

Es hat keinen Sinn, Kinder, die auf diese Weise seelisch belastet sind, aufzufordern, »sich endlich einmal zu konzentrieren«. Ebenso unsinnig wäre es, ihnen mangelnden guten Willen oder gar fehlenden Fleiß zu unterstellen. Eltern, die das tun, erreichen dadurch meistens nur das Gegenteil: Der Konflikt verschärft sich, und die Konzentrationsfähigkeit sinkt noch weiter ab. Vater und Mutter sollten sich angewöhnen, viel mehr die Schwierigkeiten zu sehen, die ihr Kind hat, als die Schwierigkeiten zu beklagen, die ihr Kind ihnen bereitet.

Es wäre gut, wenn Eltern in einem ausführlichen Gespräch mit ihrem Kind versuchten, die Probleme herauszufinden, die es innerlich belasten. Oftmals ist es ihnen aber nicht möglich, die Konflikte des Kindes selbst zu erkennen und damit zu einer Lösung beizutragen. In diesem Falle sollten sie sich an eine Erziehungsberatungsstelle wenden, in der Psychologen, Ärzte und Psychagogen zusammenarbeiten, um dem konzentrationsgestörten Kind zu helfen.

Im psychischen Bereich gilt das gleiche wie im medizinischen: Je früher das Symptom angegangen wird, desto größer ist die Chance, es schnell zu beheben. Das heißt: Je eher eine psychologische Beratung (und möglicherweise eine Behandlung) durch einen Fachmann stattfindet, desto weniger werden sich bei den Kindern schwerwiegende Folgen einstellen und bei den Eltern falsche Verhaltensweisen festsetzen. Darauf wurde ja auch schon bei der Behandlung des Bettnässens hingewiesen.

Abschließend noch ein weiteres Beispiel für eine Konzentrationsstörung, die ihre Ursache in einem seelischen Konflikt hat. Luitgard Brem-Gräser beschreibt es so: »Die zehnjährige Erika, bisher der Sonnenschein der Familie, quicklebendig, heiter und offen, erzählte ihren Eltern stets ihre tausend kleinen Freuden und Kümmernisse. Zeitweilig vergaßen die Eltern, daß Erika ein angenommenes Kind ist und daß sie von dieser Tatsache nichts ahnt. Mit der Schule wurde rechtzeitig vereinbart, daß Erika immer nur mit dem Namen ihrer Pflegeeltern aufzurufen sei. Die Eltern wollten dem Kind den Schock ersparen und abwarten, bis es einmal vernünftig genug sei, um die Zusammenhänge richtig zu verstehen. Bewußt zögerten sie die entsprechende ›Aufklärung‹ hinaus.

Erika lernte sehr gut, war unter ihren Klassenkameradinnen recht beliebt und machte auch erziehlich kaum Schwierigkeiten, so daß alles in bester Ordnung zu sein schien. Doch plötzlich änderte sich ihr Verhalten schlagartig, sie wurde still und verschlossen, hatte oft verweinte Augen, träumte in der Schule, verrechnete sich ständig, machte ›unmögliche‹ Rechtschreibfehler und wurde immer vergeßlicher. Auf alle Fragen der Eltern und Lehrer hatte sie nur ein trauriges oder gar verstocktes Kopfschütteln, das besagen sollte, ihr fehle nichts.

Eine psychologische Behandlung förderte folgendes ans Licht: Vor einigen Wochen nannte eine Aushilfs-Handarbeitslehrerin Erika bei ihrem eigentlichen Familiennamen. Als Erika widersprach, sagte die Lehrerin ganz nebenbei zu sich selbst: ›Ach, stimmt ja, du trägst ja den Namen deiner Pflegeeltern.‹ Innerlich erstarrt, fand das Mädchen von sich aus nicht mehr den Mut und die Kraft, sich zu Hause Klarheit zu verschaffen; wie eine blutende Wunde schmerzte die Ungewißheit in ihr und verzehrte ihre Kräfte. Eine Aussprache mit den Eltern half dem Kinde aus seiner Not heraus und ebnete den Weg zu einem konzentrierten Lernen.«

Dieses Beispiel macht uns ganz deutlich, daß es seelische Einflüsse (Nöte) gibt, die auch ein begabtes Kind daran hindern können, seine normalen schulischen Leistungen zu erbringen.

Damit sind wir bei einem dritten und letzten Ursachen-
komplex für kindliche Konzentrationsstörungen ange-
langt: die *falsche Erziehungshaltung* mancher Eltern. Unter vielen möglichen elterlichen Fehleinstellungen (wie
Unterforderung, Überforderung, Interesselosigkeit, unge-
nügende Förderung, falsche Anregung, dauerndes Nör-
geln und Kommandieren, ungeduldige Beanstandungen,
übertriebene Härte usw.) wollen wir hier die verwöh-
nende Erziehung herausgreifen. Die Erfahrung hat nämlich gezeigt, daß gerade sie bei Kindern eine Fehlentwicklung einleiten kann, die eine mangelnde Lernbereitschaft
und Konzentration zur Folge hat. »Alle zu sehr verwöhn-
ten Kinder neigen dazu, unselbständig und ängstlich, aber
auch lebens- und leistungsuntüchtig zu sein. Die mangelnde Freude am eigenen Schaffen äußert sich in Schule und
Beruf als Konzentrationsunlust und -störung« (Luitgard
Brem-Gräser). Zwei konkrete Beispiele sollen uns diesen
Tatbestand wieder deutlich machen.
Der achtjährige Siegfried hatte aufgrund mangelhafter
Konzentration große Schwierigkeiten, in der Schule mitzukommen. Eine psychologische Untersuchung ergab, daß
der Junge daheim sehr verwöhnt wurde. Die Eltern, die
miteinander um die Liebe des Kindes rivalisierten, er-
füllten ihm von jeher alle Wünsche und räumten ihm alle
Schwierigkeiten aus dem Weg. Hatte er schon als Kleinkind keine Lust gehabt, etwas alleine zu tun, war immer
jemand zur Stelle gewesen, um ihm zu helfen. Über Mißerfolge in der Schule wurde er durch besondere elterliche
Zuwendungen und Geschenke hinweggetröstet. Bei den
Schulaufgaben half die Mutter, damit Siegfried, wie sie
meinte, noch »genügend Zeit zum Spielen« hatte.
In mehreren Gesprächen des Erziehungsberaters mit den

Eltern wurde schließlich erreicht, daß diese ihren schwerwiegenden Erziehungsfehler und ihre Fehleinstellung zum Kind erkannten und dann auch korrigierten. Für Siegfried wurde ein Lehrer gefunden, der ihn zu selbständigem Arbeiten anleitete und ihm dadurch einen konzentrierten Einsatz seiner geistigen Kräfte ermöglichte. Dieser Lehrer brachte es sogar fertig, daß der Junge mit der Zeit das, was in der Schule (und für die Schule) getan werden mußte, gerne tat.

Ein anderes Beispiel schildert Robert Panke: »Die begabte siebenjährige Hanna war in der Schule für ihre Mitschüler und die Lehrerin infolge ihres ungezügelten Wesens eine kaum zumutbare Belastung. Sie wurde in einer Erziehungsberatungsstelle vorgestellt. Eine ärztliche Untersuchung ergab keinen Anhaltspunkt für eine körperliche Krankheit. Erst eine Aussprache mit Hannas Eltern erhellte den Hintergrund für das fahrige und unkonzentrierte Wesen des Mädchens.

Als Nesthäkchen — es lebten noch zwei Schwestern in der Familie, die 12 und 14 Jahre älter waren — hatte man Hanna maßlos verwöhnt. Bei Tisch führte sie ständig das große Wort, weil alles so drollig war, was sie sagte. Ihre zuweilen altklugen Äußerungen wurden als Intelligenzleistungen bestaunt. Hatte sie kleine Schwierigkeiten zu bewältigen, fand sich sogleich jemand, der sie ihr in falscher Hilfsbereitschaft aus dem Wege räumte. Wurde ihr ein Wunsch von den Eltern versagt, verstand sie es, ihn bei den Geschwistern oder bei der in der Familie lebenden Großmutter durchzusetzen.

Hannas Konzentrationsstörung war das Ergebnis einer verwöhnenden Erziehung. Sie folgte blind einem uneingeschränkten Lustprinzip und jedem Reiz, der auf sie eindrang. Einen sogenannten Spannungsbogen, d. h. die Fähigkeit, aufsteigende Impulse zu zügeln, hatte sie noch nicht entwickelt. Nachdem Hannas Eltern ihre pädagogische Fehlhaltung korrigiert hatten, brauchte es etwa eineinhalb Jahre, bis Hanna es lernte, sich in die schulischen Gegebenheiten zu fügen. Gleichzeitig nahm ihre Konzentrationsfähigkeit zu.«

Abschließend läßt sich also sagen: Eltern, die ihre Kinder maßlos verwöhnen und verzärteln, dürfen sich nicht wundern, wenn sich diese nicht richtig konzentrieren können und in der Schule schlecht lernen oder gar versagen. Was ihre Jungen und Mädchen in Wirklichkeit brauchen, ist in diesem Fall nicht ein Mehr, sondern ein Weniger an elterlicher Zuwendung: z. B. weniger Geschenke, weniger weite Autofahrten am Wochenende, weniger glanzvolle Urlaube, weniger automatische Spielsachen, weniger großartige Geburtstagspartys ... Nur eine solche Umstellung der Eltern, die allerdings viel mühevolle Kleinarbeit erfordert, kann den Kindern auf die Dauer eine Hilfe sein.

SEELENSTÖRUNGEN IN DER REIFEZEIT

Depressionen, Pubertätsmagersucht und Rockertum
bei Heranwachsenden und Jugendlichen

Nichts beeinflußt die gesamte Psychosomatik (also Leib
und Seele) des jungen, heranwachsenden Menschen derart revolutionierend wie der Prozeß der Reifung. Man
spricht nicht zu Unrecht von sogenannten »Pubertätskri-
sen«. Denn eine ganze Skala verschiedenartigster *über-
bordender Emotionen*, angefangen von tiefen Depressionen (von der Umwelt häufig ganz falsch als »Liebeskum-
mer« bezeichnet) bis hin zu ungezügelten aggressiven
Verhaltensweisen, kann den in der Reifung Stehenden
überfallen. Ein Pädagoge sagte einmal, die Reifejahre seien
gleichsam ein »Bruch« im Leben der jungen Menschen.
Es scheint, als ob sich während der Pubertätszeit (11./12.
bis 17./18. Lebensjahr), von der auch in den folgenden
Kapiteln immer wieder die Rede sein wird, alle Affekte
— ohne die später selbstverständlichen Hemmungen —
austoben müßten. Offenbar sind gewisse Hirnzentren,
wenn die Keimdrüsenhormone erstmalig in den Säfte-
strom des Körpers einbrechen, diesen Stimulus (Reiz, An-
trieb) noch nicht gewohnt und antworten darauf mit über-
schießenden Reaktionen. Die Hormone wirken dann im
engsten Wortsinne wie ein Rauschgift. Mit anderen Worten: Sie erzeugen jenen in der Tat rauschhaften Zustand,
der — wie man gelegentlich sagt — den, der ihm verfallen
ist, »bei Nacht nicht schlafen und bei Tag nicht wachen
läßt«. Sie lösen in dem Heranwachsenden eine neue Emp-
findsamkeit, neue Gefühlsbereiche und neue Gemütsbe-
wegungen aus. »Der junge Mensch liebt und haßt sich

zugleich. Er ist selig und im nächsten Augenblick wieder verzweifelt« (Magda von Neuerer).

Ist die »Abnormisierung« der Persönlichkeit des jungen Menschen vorübergehend und mündet die psychische Entwicklung nach einer Weile wieder in die Bahnen des Normalen und Regelrechten ein, so darf man den Vorgang als physiologisch betrachten und braucht ihm keine besondere Bedeutung beizumessen. Aber immer häufiger beobachtet man heute, daß sich Seelenstörungen, wie sie sonst durchaus bezeichnend für die Pubertät und auf diese beschränkt sind, noch bis weit in die Zeit *nach* der Reifung (Adoleszenz) hinein erhalten. »Der Umfang all dieser Störungen ist größer, als allgemein angenommen wird«, stellte kürzlich ein Mediziner fest. Und diese Tatsache trägt in so manche Familie viel Unruhe, Auseinandersetzungen und Ratlosigkeit hinein.

Verstimmungszustände können lebensgefährlich sein

In erster Linie wären da die sogenannten Depressionen oder melancholischen Verstimmungszustände zu nennen. Diese können für den jungen Menschen der Pubertätszeit geradezu lebensgefährlich werden, weil sie nur allzu oft *Selbsttötungsimpulse* in sich bergen. Das wird am eindringlichsten belegt durch eine Auszählung, nach der 90 Prozent aller Selbstmorde bzw. Selbstmordversuche von Jungen und Mädchen im Alter von fünfzehn bis zwanzig Jahren und nur 10 Prozent von Kindern im Alter von zehn bis fünfzehn Jahren begangen werden. Bemerkenswert dabei ist es, daß die Selbsttötungsversuche um so häufiger »erfolgreich« verlaufen, je älter der lebensüberdrüssige junge Mensch ist. Dagegen führen die Versuche, mit dem Leben endgültig Schluß zu machen, um so seltener zum Tode, je jünger er ist.

Fast alle Fachleute, die sich mit dem Problem der Depressionen und Selbstmorde im Pubertätsalter befaßt haben, kommen zu dem Schluß, daß die Zahl der Selbstmordversuche bei Jugendlichen in der Bundesrepublik in weiterem Ansteigen begriffen ist. Eine Fragebogenerhebung unter 1700 nicht ausgewählten französischen Jugendlichen im Alter von 14 bis 24 Jahren führte zu ähnlichen Resultaten. Sie ergab eine überraschend große Häufigkeit von Selbstmordanwandlungen und Selbsttötungsversuchen: zehn Prozent bei den Mädchen und sechs Prozent bei den Jungen.

Die Annahme liegt nahe, daß es biochemische Ursachen sein könnten, die während der biologischen Umstellungen in der Reifezeit die Hirnzellen beeinflussen und so ein abnormes Verhalten auslösen. Das ist sicherlich richtig. Aber eine irgendwie in der Konstitution des jungen Menschen verankerte Bereitschaft muß zweifellos auch vorhanden sein, denn es erkrankt ja nur ein gewisser Prozentsatz von Heranwachsenden und Jugendlichen an pubertären Seelenstörungen. Nach neuesten Erkenntnissen von Medizinern ist immer »eine gewisse Veranlagung: eine Gehirnerkrankung ähnlich der Epilepsie« (Magda von Neuerer) mitverantwortlich dafür, wenn junge Menschen in den Jahren der Pubertät schwere Depressionen bekommen und aus Enttäuschung, Not oder Angst heraus Hand an sich legen.

Daneben dürften, wie die moderne Psychiatrie (Lehre von den seelischen Störungen, von den Geisteskrankheiten) annimmt, aber auch *Milieueinwirkungen* am Zustandekommen solcher Störungen beteiligt sein. Anhaltende häusliche Unstimmigkeiten, Entbehrungen von Liebe und Zuwendung, haßerfüllte Streitereien, zerrüttete Verhältnisse zwischen den Ehegatten, Fehlen eines Elternteiles und viele andere Dinge mehr, die das bewirken, was die

Angelsachsen als »broken home« bezeichnen, sind zum mindesten mitschuldig am Entstehen von Seelenstörungen während und nach der Reifungszeit. Und darum ist es richtig, wenn ein Arzt einmal gesagt hat: Je mehr ein Kind sich in der Familie geborgen weiß, je größer sein Selbstbewußtsein ist, desto weniger kommt es auf die Idee, mit dem Leben Schluß zu machen.

Wenn Mädchen plötzlich das Essen ablehnen

Eine äußerst gefährliche Variante solcher psychischer Abnormitäten ist die sogenannte Pubertätsmagersucht (anorexia nervosa) der jungen Mädchen. Bei dreizehn- oder vierzehnjährigen Mädchen kann es zum Beispiel passieren, daß sie ganz plötzlich und ganz aggressiv das Essen ablehnen. Zu Beginn erstreckt sich diese Ablehnung meistens nur auf fette Speisen, schließlich aber auf alles Eßbare. Am Ende magern die Patienten zum Skelett ab, werden bettlägerig und sterben, wenn keine Hilfe möglich ist, buchstäblich durch Verhungern.

Diese *Pubertätsmagersucht* ist eine außerordentlich ernsthafte Erkankung, die psychotherapeutisch behandelt werden muß. Sie ist in jüngster Zeit, seit manche junge Mädchen den Beruf der Hausfrau und Mutter als minderwertig oder lästig ansehen und nach »Höherem« streben, häufiger geworden. (Daran kann man im übrigen sehen, was in manchen verwirrten Köpfen die ständige Abwertung der eigentlich-weiblichen Berufe sowie die Traktate über Emanzipation und »Weiblichkeitswahn« anrichten!)

Für denjenigen, der dieses psychogene (seelisch bedingte) Leiden nicht kennt, ist es zunächst völlig rätselhaft und unverständlich.

Heimgesucht werden von dieser Störung nur Mädchen im Pubertätsalter. Alles gute Zureden, die jungen Mädchen von der Nahrungsverweigerung abzubringen, fruchtet im allgemeinen so gut wie nichts. Ist die Entkräftung dann so weit fortgeschritten, daß das Mädchen ins Krankenhaus eingeliefert werden muß, kann man häufig folgende seltsame Beobachtung machen: Solange die Schwester oder Pflegerin, die das Essen bringt, im Krankenzimmer ist, scheinen die Patientinnen den Speisen zuzusprechen. Kaum aber hat das Krankenpflegepersonal den Raum verlassen, stürzen sie auch schon in die Toilette, stecken den Finger in den Hals und brechen alles Genossene wieder aus.

Die Pubertätsmagersucht beruht praktisch immer auf einem nicht bewältigten seelischen Konflikt. Häufig ist das Eheleben der Eltern unharmonisch, oder es gibt Zwistigkeiten mit bevorzugten Geschwistern. Manchmal ist die Ursache auch der sehnliche Wunsch der Mädchen, schlank und somit besonders edel und liebenswert zu sein — dem Gesellschaftsideal entsprechend. Magda von Neuerer schreibt in diesem Zusammenhang: »Alles, was als ideal, adelig und bewundernswert gilt, wird dummerweise den Kindern als hochgewachsen und schlank dargestellt. Wer ein bißchen dick ist, gilt als schwerfällig und ist ein Trampel. Wer möchte das schon sein! Der ›Babyspeck‹ stellt sich aber gerade dann ein, wenn Mädchen besonders rank und schlank und liebenswert sein möchten. Sie wissen nicht, daß das eine vorübergehende Erscheinung ist.«

Letztlich aber steht hinter dem abwegigen psychischen Verhalten, das zur Pubertätsmagersucht führt, die Angst vor der körperlichen Reifung zur Frau bzw. die Angst vor dem Mann. Die pubertierenden Mädchen bewegt der unbewußte Wunsch, nicht erwachsen zu werden und deswegen die sich entwickelnden weiblichen Formen wieder »wegzuhungern«. Dies gilt, wie man immer wieder beobachten kann, ganz besonders für Mädchen, die in einer überwiegend von Jungen besuchten Schulklasse »groß-werden«.

Mit anderen Worten: Hinter der pubertären Magersucht verbirgt sich — so unbegreiflich es zunächst klingen mag — ein *krankhaft gesteigertes Schamgefühl*. Der Gedankengang der jungen Mädchen ist dabei folgender: »Wenn ich esse, werden sich meine weiblichen Formen noch weiter ausprägen. Alles Weibliche aber setzt mich in noch höherem Maße der Gefahr eines Kontaktes mit dem anderen Geschlecht aus.« Und deswegen wird die Nahrungsverweigerung (allen Überredungs- und Behandlungsversuchen zum Trotz) bisweilen bis zur letzten Konsequenz durchgeführt — eine andere Form des Selbstmordes im Reifungsalter.

Die jungen Patientinnen, die sich in den meisten Fällen gegen jeden Kontakt mit anderen Menschen sträuben, in den Griff zu bekommen, ist eine Geduldsprobe für alle, die ihnen helfen wollen. Spritzen, Sonden- und Infusionsernährung kommen oft zu spät. Die einzige erfolgversprechende Therapie, die sich jedoch häufig als sehr langwierig erweist, geht über die Psyche der Mädchen und muß die Eltern, zumal die Mütter, mit einbeziehen. (Allerdings kommt es auch gelegentlich vor, daß die Pubertätsmagersucht ganz plötzlich wieder verschwindet, zum Beispiel bei einer sich anbahnenden glücklichen Freundschaft.)

Extrem aggressives Verhalten unter jungen Menschen

Keineswegs immer äußern sich die Seelenstörungen der Reifungszeit in depressiven oder gehemmten Verhaltensweisen. Es kann ebensosehr zu ausgesprochen aggressiven Erscheinungen im Anschluß an die Pubertät kommen, wie wir es bei den Gruppen (Banden) gewalttätiger junger Menschen, den sogenannten »Rockern«, beobachten können, die durch ihr Verhalten nicht selten den Zorn ihrer Umwelt auf sich lenken. Wie ist dieses ungezügelte und brutale Auftreten der Jugendlichen zu verstehen und zu beurteilen?

Das Problem des »Rockertums« ist deswegen von so großer Bedeutung, weil in neuerer Zeit die Beteiligung jüngerer Jahrgänge bei kriminellen Gewalthandlungen — wie Raub, Erpressung, schwerer Körperverletzung, Einbrüchen und gewaltsamen Sittlichkeitsdelikten — eindeutig zugenommen hat. Dabei handelt es sich im Grunde weniger um Verbrechen und Vergehen einzelner Jugendlicher als vielmehr um *Gemeinschaftstaten* ganzer Gruppen. Das gemeinsame Handeln ist das wichtigste.

Die Meinung, daß das ins Extrem gesteigerte aggressive Verhalten der Jugendlichen angeboren sei (so wie es die Verhaltensforschung vom Aggressionstrieb der Tiere behauptet), wird von der heutigen Psychologie nicht mehr aufrechterhalten. Aggressives Verhalten kann vielmehr, so sagen uns die Wissenschaftler, im Laufe der Entwicklung gelernt und auch wieder verlernt werden. (Ähnliches wurde bereits im Kapitel »Kleine Angeber in der Familie« am Beispiel der übertriebenen kindlichen Geltungssucht dargelegt.) Es entsteht jeweils besonders dann, wenn vitale Triebbedürfnisse versagt werden.

Wenn der junge Mensch nicht lernt, seine eigenen Wünsche denjenigen der Umgebung anzupassen und die normalen Regeln des menschlichen Zusammenlebens zu befolgen, steht er in der großen Gefahr, in die Arme von Gruppen gewalttätiger Gleichaltriger zu fallen. Ist dies erst einmal geschehen, dann möchte er natürlich seinen Kameraden auf keinen Fall nachstehen, sondern sie eher noch in einer (mißverstandenen) Selbstwertschätzung übertreffen.

Mit anderen Worten: In den Rockern haben wir Gruppen von aggressiven und rebellierenden Jugendlichen vor uns, die sich mit ihrem gewalttätigen Verhalten von der übrigen Gesellschaft bewußt abheben wollen. Sie praktizieren Aggression nicht als Reaktion auf irgendwelche Anlässe, sondern *um ihrer selbst willen.* Und deswegen charakterisieren viele Erwachsene nicht ohne Grund das brutale und mitunter verheerende Vorgehen dieser Jugendlichen mit dem geflügelten Schlagwort: »Verhältnisse, schlimmer als im alten Rom«.

Die Rocker stammen vorwiegend aus Familien, in denen man noch Erziehungsmaßnahmen praktiziert und handhabt, die von »autoritärer Angsteinflößung« bis hin zu drastischen Strafgewohnheiten »unter Einsatz tätlicher Mittel« reichen. Es ist aber erwiesen, daß Menschen, die als Kinder zu hart angefaßt oder sogar geprügelt worden sind, später ebenfalls sehr leicht über die Stränge schlagen, andere genauso zu unterdrücken versuchen und nicht selten zu Gewalt und Verbrechen neigen.

Aus der Lebensgeschichte von nahezu sämtlichen untersuchten Rockern geht hervor, daß diese jungen Leute *seit ihrer frühen Kindheit* keine gefühlsmäßige Beziehung zu ihren Eltern und Erziehern gehabt haben, daß sie mit einem geradezu unbarmherzigen und unerbittlichen Rigorismus erzogen wurden und daß ihnen von Anfang an selten oder nie positive soziale Normen und Leitbilder übermittelt worden sind. In diesem Sinne schreibt auch Tobias Brocher: »Nie haben sie eine wirkliche Anleitung und Hilfe für ihr Unterscheidungsvermögen bekommen. Ihre einmal kindlich harmlosen Eroberungsansprüche wurden früh unterdrückt und äußern sich nun in krimineller Weise.«

KURZSCHLUSSHANDLUNGEN NICHT TRAGISCH NEHMEN

Junge Menschen in der Pubertät sollten gestörte
Ordnungen sinnvoll wiederherstellen

Dies geschah in einem Ort Baden-Württembergs: Der
vierzehnjährige Gregor N., Sohn eines Abteilungsleiters
in einer größeren Maschinenfabrik, hatte sich ein fremdes
Moped, das unweit seiner Wohnung auf der Straße stand,
unerlaubterweise angeeignet. Es gelang dem Jungen, den
Motor in Gang zu setzen und ein Stück weit fortzufah-
ren. Aber schon nach etwa hundert Metern verlor er die
Herrschaft über das Fahrzeug, rammte einen Rinnstein
und kam zu Fall.
Gregor selbst hatte bei diesem Unfall außer ein paar
Schrammen im Gesicht und am Arm nichts abbekommen.
Aber das gestohlene Moped war — wenn auch nicht
schwerwiegend — zu Schaden gekommen: Das Vorderrad
hatte sich verbogen, ein Pedal war abgebrochen, Lampe
und Rücklicht funktionierten nicht mehr, und der Sitz war
leicht beschädigt. Der Gesamtschaden betrug rund zwei-
hundert Mark.
Der Mopedbesitzer war ein 68 Jahre alter Rentner, der
mit seinem Fahrzeug Woche für Woche Zeitungen und
Zeitschriften in die Häuser fuhr. Das tat er auch an diesem Tage. Als er von dem Vorfall erfuhr, wollte er zunächst zur Polizei gehen; doch er wurde von einigen
Nachbarn, die sich inzwischen an der Unfallstelle einge-
funden hatten, überredet, dies nicht zu tun, sondern sich
an Gregors Eltern zu wenden. Diese versprachen dem
Rentner dann auch sofort, für den am Moped entstande-

nen Schaden voll und ganz aufzukommen und die Rechnung für die Reparaturkosten umgehend zu bezahlen.
Trotz dieser Regelung war sich Gregor im klaren darüber, daß für ihn selbst die Sache *noch nicht erledigt* war, denn er kannte seine Eltern, besonders seinen Vater! Wie der Junge für das vorgefallene Vergehen bestraft wurde, werden wir später hören.

Allen Ärger in sich hineinschlucken?

Eltern, die mit ihren Kindern — besonders mit den heranwachsenden — Schwierigkeiten haben, lassen sich hinsichtlich ihrer Einstellung zur Strafe grob in zwei Gruppen unterteilen: Die einen meinen, man müsse ein Kind nur ungestört, zwanglos und frei von jeder Forderung aufwachsen lassen, und alles werde gut. Die anderen fordern absoluten Gehorsam, bestehen nur auf ihrem eigenen Willen und schrecken auch vor härtesten Strafen nicht zurück, wenn sie sich über ihre Kinder ärgern (müssen). Wem soll man nun glauben?
Die Eltern der *ersten Gruppe* haben von der modernen Psychotherapie (Seelenheilkunde) erfahren, man könne durch ungeschicktes und hartes Strafen Kindern einen seelischen Schaden zufügen, an dem sie ein Leben lang zu tragen hätten; und darum wagen sie es kaum noch, ihren Jungen und Mädchen auch nur einen Klaps zu geben — aus lauter Sorge, sie könnten dadurch bei ihren Kindern abwegige Verhaltensweisen erzeugen.
Solche Eltern haben in Zeitungen und Zeitschriften von der schicksalhaften Bedeutung der Eltern-Kind-Beziehung gelesen und schlucken daher allen Ärger, den sie täglich mit ihren Kindern haben, mit Duldermiene in sich hinein. Stolz verkünden sie sogar noch anderen Eltern ihre Erziehungsweisheit: »Unser Kind darf machen, was es will.

Wenn es unseren Rat nicht befolgt, dann muß es eben durch eigene Erfahrung lernen, was richtig und was falsch ist.« In letzter Konsequenz sieht das dann so aus, daß das Kind auch auf dem Fußabstreifer schlafen darf, wenn es nicht in sein Bett steigen will.

Väter und Mütter, die so denken und die sich so verhalten, merken nicht, daß sie damit weder ihren Kindern noch sich selbst einen Dienst erweisen. »Wer so handelt«, hieß es in dem bereits erwähnten Buch des Verfassers »Geliebte Kinder — glückliche Kinder«, »handelt verantwortungslos; denn er überläßt sein Kind einem blinden Schicksal und einer ungewissen und unsicheren Zukunft.« Man weiß nämlich längst aus der Erfahrung: Kinder, denen keine sinnvollen Grenzen und keine sachlichen Verbote gesetzt werden, fühlen sich unglücklich; sie lernen auch nie, sich in eine Gemeinschaft einzuordnen. »Sollten wir uns nicht von der jahrtausendealten Erfahrung der christlichen Lehre leiten lassen, die immer gewußt hat, daß der Mensch zum Guten bestimmt, aber jederzeit für das Böse anfällig ist?« (Heinrich Roth).

Wie Kinderpsychologen zu berichten wissen, ergehen sich Kinder solcher »modernen« Eltern nicht selten in sogenannten »Strafvorstellungen«. In ihren Phantasien klagen sie darüber, wie streng sie daheim für die geringsten Vergehen bestraft würden. In Wirklichkeit ist ihnen aber nie ein Haar gekrümmt worden. Hier wird die *Kehrseite der Strenge* sichtbar, die ja auch eine Spielart menschlicher Zuwendung ist.

Wie despotische Patriarchen und Diktatoren

Die Eltern der *zweiten Gruppe* lösen die familiären Strafprobleme — gleich als stünden sie unter einem merkwürdigen Wiederholungszwang — auf dieselbe Weise, wie sie sie am eigenen Leibe erfahren haben. Sie sagen: »Die weiche Welle heutzutage hat gar keinen Sinn. Wohin man mit ihr kommt, sieht man ja Tag für Tag, wenn man die Zeitung aufschlägt und die Nachrichten über Mord, Raub und Totschlag liest. Wir haben als Kinder auch Prügel bekommen und durften uns nicht mucksen, und uns hat's nicht geschadet.«

Solche Eltern regieren ihre Kinder wie despotische Patriarchen oder Diktatoren, sind humorlos, kleinlich und haben immer recht. Sie bezeichnen ihre heranwachsenden Kinder als »Grünschnäbel«, die noch nichts mitgemacht haben und deswegen auch nicht »mitreden« können, fordern erbarmungslosen Gehorsam (»Ich bin immer noch dein Vater — deine Mutter!«) und verlangen sklavische Unterordnung (»Hier bestimme ich!« oder: »Ich werde euch schon zeigen, wer hier den Ton angibt!«). Sie reagieren ihr Mißvergnügen, ihre Verbitterung und ihren Ärger über die Kinder durch Schläge und Härte ab, weil sie sich den Segen ihrer Erziehung ausschließlich von der Prügelstrafe erhoffen oder den ausgebliebenen mit ihr herbeizuzwingen versuchen.

In der Tat: Wie oft greifen heute Eltern nach dem Stock, nach dem Gürtel oder nach dem Kleiderbügel, um ihre Kinder auf diese Weise »kleinzukriegen«. Sie meinen, daß es ohne Schläge in der Erziehung einfach nicht gehe und daß eine Züchtigung — auch der größeren Kinder — von Zeit zu Zeit dringend erforderlich sei. Eine fünfzigjährige Mutter hat das einmal so ausgedrückt: »Kinder sind nicht zufrieden, wenn sie nicht von Zeit zu Zeit eine ordentliche Tracht Prügel beziehen. Wir wurden früher auch geschlagen und sind ordentliche Menschen geworden. Jeder nimmt gern das, was er verdient hat.«

Sehr viele Verfechter dieser Einstellung profitieren wohl davon, daß das menschliche Gedächtnis eigene unangenehme Erfahrungen und schmerzhafte Erlebnisse ins Unterbewußte verdrängen kann. Die ohnmächtige Wut und Erniedrigung, die sie einst bei der körperlichen Züchtigung in ihrem eigenen Elternhaus empfanden, haben sie offenbar auf dem Verdrängungsweg bewältigt. So erstrahlt manche Kindheit in goldenem Glanze, die in Wirklichkeit alles andere als sonnig und rosig war.

Wie dünn der Panzer der *Sicherheit* ist, mit dem sich diese Eltern umgeben, wird deutlich, wenn man im Gespräch mit ihnen Zweifel darüber laut werden läßt, ob ihnen denn die körperliche Strafe auch wirklich nicht geschadet habe; ob es ihnen nicht vielleicht doch lieber gewesen wäre, wenn man mit ihnen als Kinder anders umgegangen wäre, d. h. wenn ihre Eltern sie mehr als Partner denn als Eigentum angesehen hätten. Auf solche Bedenken hin werden sie, wie man immer wieder feststellen kann, sehr schnell unsachlich und aggressiv.

Sehr zutreffend heißt es darum auch in einem der erwähnten Elternbriefe von den Menschen, die als Kinder viel Schläge bekommen haben: »Vielleicht wären sie anders geworden, wenn sie als Kind nicht verprügelt worden wären. Vielleicht wären sie selbstbewußter, tüchtiger geworden? Niemand kann das beweisen; aber eigentlich kann man sich leicht vorstellen, daß ein viel geschlagener Mensch sich anders entwickeln muß als ein nicht geschlagener.«

Nicht im Zustand der Wut strafen

Doch nun wieder zurück zu der eingangs geschilderten Geschichte mit Gregor. Als Gregors Vater von dem unseligen Vorfall erfuhr, bestand seine erste Reaktion darin, daß er seinem vierzehnjährigen Sohn einen gehörigen Denkzettel in Form von *Prügeln* geben wollte. Denn wie stand er jetzt vor den Nachbarn und vor den Leuten in seiner Straße da! Alle hatten gesehen, wie Gregor sich an fremdem Eigentum vergriffen hatte. Wie konnte sein Sohn nur so die Ehre und das Ansehen der Familie verletzen und beschmutzen!

Gleichzeitig erinnerte sich Gregors Vater jedoch an einen Vorsatz, den er gefaßt hatte, als er selbst als junger Mensch von seinem Vater im Zorn geprügelt wurde. Er hatte sich damals vorgenommen, später nie im Zustand der Wut oder der Aufgebrachtheit zu strafen, da der Mensch in einer solchen Verfassung weithin blind und ungerecht handelt. Er wußte aus eigener Erfahrung, daß jedes Zuschlagen im Zorn und aus Verärgerung heraus keinen wirksamen pädagogischen Erfolg nach sich zieht, sondern immer nur einen Eingriff in die Persönlichkeit des Kindes darstellt, der verheerende Folgen (z. B. unkorrigierbare Charakterfehler) haben kann.

In einem sehr ernsten Gespräch machte also nun der Vater mit seinem Sohn aus, daß er (als Vater) zunächst die Unkosten für den entstandenen Schaden auslegen werde. Bis zur Fertigstellung der Reparatur am Moped mußte Gregor dem Rentner beim Austragen der Zeitungen und Zeitschriften zur Hand gehen. Den vom Vater ausgelegten Betrag von 195,50 DM hatte Gregor an die Familienkasse zurückzuzahlen. Wie, das wurde genau vereinbart. Für einen Teil des Geldes mußte Gregors Konto auf der Sparkasse herhalten. Den Rest hatte er vom Taschengeld zu nehmen, das für ein Vierteljahr auf die Hälfte gekürzt wurde. Das war für den Jungen eine in der Tat harte und empfindliche *Strafe*. Gleichzeitig aber wurde Gregor die Möglichkeit eingeräumt, sich außerhalb der üblichen Hilfen im Haushalt zusätzlich kleine Geldbeträge (z. B. durch Gartenarbeit, Autowaschen, Einkaufen usw.) zu verdienen, damit er so seine Schuld früher abtragen konnte.

Das sinnvolle und wohlüberlegte Verhalten von Gregors
Vater war weit mehr wert als ein stures Strafen durch
Prügel und Schläge. Denn Gregor konnte produktiv dazu
beitragen, die Ordnung, die er durch eine Kurzschluß-
handlung gestört hatte, wiederherzustellen. Der Junge
wurde dazu angehalten, für seine Tat einzustehen und
für den angerichteten Schaden aufzukommen. Diese Strafe war also nicht diktiert von Rache- oder Vergeltungs-
gedanken, sie war vielmehr für Gregor eine echte *Rei-
fungshilfe* und ein positiver Beitrag zu seinem seelisch-
geistigen Wachstum.

So sollte es in der Erziehung eigentlich immer gehandhabt
werden: Jede Strafe muß sinnvoll sein. Dazu noch zwei
andere Beispiele: »Ein Kind hat mutwillig dem Nachbarn
Blumen zerstört. Zur Strafe muß es selbst Blumen großziehen, beobachten, wie sie sich von Tag zu Tag entfalten, und dann vielleicht dem Nachbarn schenken. Oder:
ein Kind geht wiederholt bei Rot über die Straße. Nun
muß es ein Bild von einer Straßenkreuzung malen und
dann alles aufzählen, was durch Leichtsinn im Straßen-
verkehr passieren kann« (Magda von Neuerer). Solche
Strafen sind weit besser und vernünftiger als Zimmer-
arrest und Essensentzug oder als die Auferlegung irgend-
welcher Pflichten (»Zur Strafe gehst du jetzt ins Haus
und räumst dein Zimmer auf!«).

Wird also vom Kind mutwillig und bewußt ein Schaden
angerichtet, dann sollte in der Strafe immer auch ein
Stück sinnvolle Wiedergutmachung stecken; geht es doch
vor allem darum, daß das Kind sich in der nächsten ähnlichen Situation richtig verhält. Denn letztlich sollten alle
Strafen, wenn sie sich schon nicht vermeiden lassen, bewirken, daß unsere Kinder in ihrer Entwicklung ein Stück

weiterkommen. Dazu sind aber weder die »weiche Welle« noch ein »harter Kurs« geeignet. Die Wahrheit liegt auch hier stets in der Mitte.

Sicher sind Mütter und Väter manchmal wirklich überfordert, wenn sie diese richtige erzieherische »Mitte« zum jeweils richtigen Zeitpunkt anwenden sollen. Dies gilt besonders für die Krisenzeit der Pubertät, in der Jungen und Mädchen mehr als in anderen Entwicklungsperioden sehr stark zum Affekt, zur Überempfindlichkeit und zur Erregbarkeit neigen. Aber auch und gerade da muß man wissen: Schläge und Prügel haben mit Erziehung oft nur wenig zu tun; eine lockere Hand hebt sich meist aus Willkür und schafft nur wieder Willkür. Erziehung gründet auf *Überzeugung*, die nicht von außen wirkt, sondern von innen wirken muß.

Mit anderen Worten: Ein unbeherrschtes Abreagieren des eigenen Ärgers in Form von Prügeln ist im Grunde nichts anderes als die Bankrotterklärung und die letzte Notmaßnahme einer Erziehung, die nicht mehr ein noch aus weiß. Ein solches Verhalten hat mit Festigkeit, Disziplin und Konsequenz, die ohne Frage auch zur Erziehung gehören, überhaupt nichts gemein. Und Kinder, die ihren Eltern nur deshalb gehorchen, weil sie wieder mit Schlägen rechnen müssen, sind nicht erzogen, sondern nur unterdrückt. Sie lauern im Grunde nur auf den Augenblick, wo sie — wie im vorausgegangenen Kapitel gezeigt wurde — ohne Angst über die Stränge schlagen können; sie warten auf die Zeit, wo sie alt genug geworden sind, »um nicht mehr gehorchen zu müssen, alt genug, um wegzulaufen, um irgendeine Art von ›eigenem Leben‹ anzufangen« (Elternbrief Nr. 37).

GROSS GENUG ZUM TRINKEN?

Immer früher und kräftiger greifen junge Menschen
zum Alkohol

Als Hermann-Josef von seinem Barhocker herunterfiel,
nahmen seine Zechkumpanen den Fall von der scherz-
haften Seite. »Technischer K.o.« frotzelten sie, riefen aber
dann schließlich doch den Krankenwagen, als Hermann-
Josef nach einer Weile keinerlei Anstalten machte »aufzuwachen«. Zwei Tage später konnte der junge Patient
das Krankenhaus wieder verlassen. Er war mit seinem
Kreislaufkollaps — aufgrund des übermäßigen Alkohol-
genusses — noch einmal »durchgekommen«.
Hermann-Josef ist siebzehn Jahre alt, Unterprimaner, und
beileibe nicht der einzige seines Alters, der sich nach einem kräftigen Vollrausch in einem Krankenbett wieder-
findet. (In der Bundesrepublik müssen jährlich rund 800
Kinder mit Alkoholvergiftungen klinisch behandelt werden.) Sozialpädagogen, Psychologen und Mediziner sind
sich einig: Zu Rauschmitteln wie Haschisch, Marihuana,
LSD, Morphium und Heroin gesellt sich heute eine *weitere Jugendseuche* hinzu: der Alkohol. Immer mehr heranwachsende Jungen und Mädchen verfallen ihm.
Die Fakten sind alarmierend und besorgniserregend. Nach
Schätzungen der Deutschen Hauptstelle gegen die Sucht-
gefahren in Hamm gibt es in der Bundesrepublik unge-
fähr 1,5 Millionen Alkoholabhängige. Davon sind rund
150 000 jünger als 25 Jahre, wobei die Dunkelziffer gerade in diesem Bereich astronomische Höhen erreichen
dürfte. (Im Jahre 1960 waren es erst 25 000 junge Menschen, die dem Alkohol verfallen waren.)

Der Trend geht weiter nach oben. Die Zahl jugendlicher Alkoholiker wächst und wächst unaufhörlich, nicht zuletzt deswegen, weil sich der Beginn des Alkoholkonsums heute weit ins schulpflichtige Alter vorverlagert hat — an Schulen wird zum Beispiel immer häufiger beobachtet, daß Schüler in den Pausen Alkohol trinken — und weil sich unsere Gesellschaft dem Phänomen Alkohol gegenüber immer toleranter und unbekümmerter verhält. Bernd und Gerda Ludwig meinen dazu: »Der Alkohol ist ... durch unsere Tradition so fest mit unserem gesellschaftlichen und kulturellen Leben verbunden, daß alle Versuche, seinen Gebrauch einzudämmen, bisher gescheitert sind.«

Nach einer Statistik, die auf Untersuchungen des Bundesministeriums für Jugend, Familie und Gesundheit, des Deutschen Caritasverbandes und einer Repräsentativerhebung von Infratest in Bayern beruht, trinken gegenwärtig 27 Prozent aller zwölfjährigen und 42 Prozent aller vierzehnjährigen Jungen und Mädchen mindestens *dreimal in der Woche* Alkohol. Und das heißt: In ihrem Verhalten unterscheiden sich die Heranwachsenden und Jugendlichen im Grunde kaum noch von der Erwachsenenwelt, die, wie festgestellt wurde, z. Z. einen jährlichen Pro-Kopf-Verbrauch von 12,5 Litern reinen Weingeistes aufzuweisen hat.

Auf der Flucht vor Konflikten

Zunächst muß man wohl nach den Motiven fragen, die hinter dem immer häufigeren Griff zusehends jüngerer Menschen zur Flasche stecken. Ist es Neugierde, bewußter Protest, Uniformierungsdrang (Zwang zur Anpassung), demonstrative Ablehnung der Erwachsenengesellschaft, Bedürfnis nach Aufnahme und Geborgenheit in einer Gruppe oder einfach eine Modeerscheinung, daß junge Menschen heute zu Schnaps, Fusel und zu Unmengen Bier greifen?

Nach Ansicht von Fachleuten ist der unwahrscheinliche Zuwachs des Alkoholkonsums in den letzten Jahren — neben bislang schon bekannten Gründen wie: familiäre, seelische und religiöse Probleme, Vereinsamung, Vermassung der Schule oder Lern- und Entwicklungsstörungen — auf neue, ganz speziell die Jugend betreffende Belastungen und Probleme zurückzuführen. Als Hauptmotiv fürs Trinken nennen sie etwa den *Leistungsdruck*, dem sich viele Jugendliche in Schule und Berufsleben heute in zunehmendem Maße ausgesetzt sehen. Die Schülerin, die sich vor und nach Prüfungen mit Alkohol »beruhigt«, ist, wie uns Lehrpersonen immer wieder bestätigen, keine Seltenheit mehr.

Das Bewußtsein, heute nur noch mit Höchstleistungen eine berufliche Existenz finden zu können, erzeugt jene Streßsituation, die man bisher nur bei Erwachsenen kannte. Und da beruflicher und persönlicher Streß auch beim Erwachsenen ein Grund zum Trinken ist, braucht man sich nicht darüber zu wundern, daß Heranwachsende und Jugendliche diesem Leistungsdruck noch weniger standhalten können und deshalb auf ihrer Flucht vor Konflikten mit der Umwelt immer wieder zum Alkohol, »zu diesem gefährlichen und fragwürdigen Tröster« (Magda von Neuerer), greifen.

Ein anderer Grund, der junge Leute ins Wirtshaus oder an die Bar treiben kann, ist die Jugendarbeitslosigkeit. Der Griff zur Flasche soll den Jugendlichen helfen, die triste Wirklichkeit und die Langeweile, der sie ausgesetzt sind, eine Zeitlang zu vergessen. Sie trinken, um von ihrer inneren Leere und Vereinsamung wegzukommen und um vor allem ihr Minderwertigkeitsgefühl — das Gefühl, unnütz zu sein und nicht gebraucht zu werden — zu verdrängen.

Und dann setzt in sehr vielen Fällen ein *teuflischer Kreislauf* ein: Je mehr die Jugendlichen trinken, desto größer wird ihr Minderwertigkeitsgefühl. Um dieses Gefühl zu vertreiben, schaut man wieder ins Glas, und so geht es immer weiter. Manche fangen sich dann eines Tages wieder, wenn es doch noch mit einer Arbeitsstelle klappt. Für viele hingegen ist es schon zu spät, um aus eigener Kraft das Steuer herumzureißen.

Alkoholkonsum ist heute »in«

Der zunehmende Leistungsdruck sowie die Jugendarbeitslosigkeit haben in den vergangenen Jahren sicherlich in erster Linie die erschreckende Zunahme des Alkoholismus unter Heranwachsenden und Jugendlichen verursacht. Darüber hinaus allerdings wurde die Ausbreitung der Droge Alkohol noch durch eine Reihe anderer Umstände begünstigt.

Vor allem wäre hier wohl die *gesellschaftliche Toleranz* des Alkohols zu nennen. Der Alkohol hat heute Eingang in alle Schichten gefunden, er ist sozusagen eine »Jedermann-Droge« geworden. Man kann an diese »legalisierte Droge« ohne Schwierigkeiten herankommen, weil sie an jedem Kiosk und in jedem Supermarkt käuflich und im Verhältnis zu anderen Rauschgiften sehr billig ist. Mit anderen Worten: Es ist heute geradezu »in«, Alkohol zu trinken. Und wer »in« sein will, der muß mitmachen, muß die Manieren der anderen annehmen.

Sogar Kinder können heute überall anstandslos »scharfe Sachen« kaufen, weil den meisten Ladeninhabern das Geld wichtiger ist als der Jugendschutz. Ein kleines Testspiel, das eine Großstadtpfarrei mit mehr als 200 Kindern von neun bis fünfzehn Jahren durchführte, zeigt dies in erschütternder Weise. In 30 Gruppen wurden die Kinder — mit je einem Erwachsenen als Begleiter — innerhalb von zwei Stunden in 449 Einzelhandelsgeschäfte, Supermärkte, Kaufhäuser und Trinkhallen geschickt, um dort »scharfe Sachen« zu kaufen. Die Begleiter ließen die Kinder beim Kauf allein. Die Bilanz der Aktion: In nur 24 Fällen wurden die Kinder auf das Jugendschutzgesetz aufmerksam gemacht, nach dem der Verkauf von hochprozentigem Alkohol an Minderjährige verboten ist. 425 Kaufversuche verliefen positiv: 267 Miniaturflaschen, 102 Kleinflaschen (»Flachmänner«), 31 mittelgroße und 25 große Flaschen hochprozentigen Alkohols wurden an die Kinder verkauft. In manchen Geschäften und Supermärkten, aber auch in Trinkhallen, wurde innerhalb der zwei Stunden bis zu siebenmal »scharfer« Alkohol an die Jungen und Mädchen abgegeben, einmal sogar 58prozentiger Rum. Einer Gruppe von Kindern wurde der Rat gegeben, sie sollten gleich eine große Flasche Schnaps kaufen, weil diese preisgünstiger sei!

Auch dies gehört hierher: Die Diskotheken wissen sehr wohl, was sie tun, wenn sie in Tageszeitungen oder auf Plakaten den »Trinker der Woche« suchen. Heranwachsende und Jugendliche strömen in großer Zahl herbei, um mitzumachen und um den Sieg zu »kämpfen«. Und die Erwachsenen hocken daneben, schauen zu und freuen sich, daß ihr Sechzehnjähriger »bloß ein paar Bier« hinunterschüttet und nicht zum Haschisch, LSD oder Kokain greift.

Überhaupt üben viele Erwachsene — und unter ihnen leider zahlreiche Eltern — in Sachen Alkohol einen sehr schlechten Einfluß auf die junge Generation aus. Weit geöffnet sind in vielen Familien den heranwachsenden Kindern die Pforten ins Reich des Alkohols. »Du bist doch jetzt schon groß genug, um einen mitzutrinken«, lautet eine gängige Formel bei Familienfesten. Wen wundert es da, daß bereits Kinder den Alkohol als einen Schlüssel ansehen, um in die Gesellschaft der Erwachsenen vorzudringen!

Hinzu kommt noch, daß das Bewußtsein von der *Gefährlichkeit* des Alkohols hierzulande stark unterentwickelt ist. Bier, Wein oder Schnaps gelten gemeinhin als harmlos und weniger schlimm im Vergleich zum »Hasch« oder zu anderen Rauschgiften. Ja, viele sehen den Alkohol sogar als besonders gesund, als eine Art Medizin an. Die Werbung empfiehlt ihn überdies öffentlich als Stimmungsmacher und Sorgenbrecher und verleiht ihm so einen besonderen Zug von Heiterkeit und Geselligkeit.

Junge Menschen sind leitbildorientiert

Wie kann man nun verhindern, daß heute immer mehr junge Menschen mit dem Trinken beginnen, ja sogar in eine regelrechte Abhängigkeit von der Droge Alkohol geraten?

Als erstes erscheint es dringend notwendig, das heute *gängige Image* des Alkohols mit allen Anstrengungen abzubauen und seiner einseitig positiven Prägung zu entkleiden. Dazu gehört zum Beispiel auch, daß gründlich mit der Meinung aufgeräumt wird, Trinken — oder besser: Trinkfestigkeit — sei ein Beweis besonderer Männlichkeit (»Wer niemals einen Rausch gehabt . . .«). Ähnliches gilt ja auch für das Rauchen, das von vielen Kindern — 36 Prozent aller Sechs- bis Vierzehnjährigen sind laut Statistik gelegentliche oder sogar regelmäßige Raucher! — als ein Zeichen von Groß- und Erwachsen-Sein angesehen wird.

Deutlicher als in der Vergangenheit müssen darüber hinaus heute die Gefahren starken Alkoholkonsums ins Bewußtsein der Öffentlichkeit, besonders der Jugend, gerückt werden. Nicht oft genug kann zum Beispiel darauf hingewiesen werden, daß derjenige, der sich in einer Konfliktsituation gewohnheitsmäßig einen Branntwein genehmigt, seiner Psyche damit einen Helfer ins Haus holt, der bald nur noch in größeren Mengen seinen Dienst tun wird.

Jedermann sollte auch wissen, daß bei manchen Jugendlichen die Grenze zur Suchtgefährdung weit niedriger liegt, als sie von den Medizinern für den »Normalverbraucher« (nämlich 100 Milliliter Alkohol täglich = 2 Liter Bier, 1 Liter Wein oder 1/4 Liter Schnaps) angegeben wird. Zu diesem Problem schreibt Magda von Neuerer: »Alkohol im Blut wird vom Organismus des Kindes schneller abgebaut als bei Erwachsenen. Der Rausch dauert also nicht so lang. Doch kommt es beim Kind viel schneller zur Alkohol-Vergiftung. Schon 2 Promille machen ein Kind bewußtlos. Bei Erwachsenen sind 4 Promille nötig. Die Vergiftungen sind beim Kind auch wesentlich gefährlicher. Es kann verhältnismäßig schnell zu einem Kreislaufversagen, zu Atembeschwerden und danach zum Tode kommen. Bei jedem Rausch sterben außerdem Gehirnzellen ab, die nie wieder regeneriert werden, so daß sich ein Kind regelrecht dumm trinken kann. Schon Likör-Pralinen oder Kognak-Kirschen können bei einem Kleinkind zur Alkohol-Vergiftung führen. Zwei Gläschen Schnaps können für ein dreijähriges Kind tödlich sein. Ein Viertelliter Schnaps vermag einen Zehnjährigen umzubringen.«

Natürlich bedarf auch die genaue Einhaltung der einschlägigen Bestimmungen zum Schutz der Jugend (»Gesetz zum Schutz der Jugend in der Öffentlichkeit« vom 27. Juli 1957) einer stärkeren und besseren *Überwachung*.

Diese wurde, wie die Erfahrung gezeigt hat, in den vergangenen Jahren offensichtlich ziemlich liberal und großzügig gehandhabt. (Die wichtigsten Regelungen des Jugendschutzgesetzes, die alle Eltern und Erzieher kennen sollten, finden sich am Schluß dieses Kapitels.) Aber auch die Werbung, die den Konsum alkoholischer Getränke — insbesondere der »scharfen Sachen« — als selbstverständlich zum Lebensstil des Weltmannes gehörig erklärt, müßte schärfer überwacht und von Produzenten und Handel mit mehr Verantwortungsbewußtsein der Jugend gegenüber neu überdacht werden.

So wichtig und richtig alles ist, was dem Kampf gegen den Alkoholmißbrauch unter jungen Menschen dient, angefangen von politischen Maßnahmen (Anti-Alkohol-Kampagnen) über schärfere Kontrollen bis hin zur Herausgabe von Aufklärungsbroschüren — entscheidend für den Erfolg dieses Kampfes bleibt es in erster Linie, daß möglichst viele Erwachsene ihre Einstellung zum Alkohol und ihre Trinkgewohnheiten kritisch überprüfen und, wenn es notwendig ist, auch ändern.

Das gilt natürlich ganz besonders für die Eltern; denn Heranwachsende und Jugendliche — Jungen wie Mädchen — sind leitbildorientiert. Und weil dies so ist, können Eltern ihre Kinder letztlich und auf die Dauer nur durch ihr eigenes *vorbildliches Verhalten* vom Alkoholmißbrauch abhalten. Jedenfalls käme es einer hochgradigen Schizophrenie gleich, den heranwachsenden Kindern die Gefährlichkeit des Alkohols zu predigen und ihnen dieses »Gift« zu verbieten, es für sich selbst aber selbstverständlich und ungeniert zu beanspruchen. Kinder sind mit Recht maßlos enttäuscht, wenn ihre Eltern Grundsätze lehren, nach denen sie sich selbst nicht richten.

*

Die wichtigsten Bestimmungen des Gesetzes zum Schutz der Jugend in der Öffentlichkeit (JSchÖG):

1. Der Aufenthalt an jugendgefährdenden Orten — etwa Nachtbars, Vergnügungsvierteln, Hafenanlagen, aber auch eventuell Rummelplätzen — ist Jugendlichen unter 18 Jahren nicht gestattet.

2. In Gaststätten dürfen sich Kinder und Jugendliche unter 16 Jahren nur in Begleitung von Vater und Mutter aufhalten. Die Ausnahmen: Jugendliche befinden sich auf Reisen (und müssen sich erfrischen), oder sie sind im Gasthaus, um dort zu essen.

3. Schnaps oder andere überwiegend branntweinartige Getränke dürfen an Kinder und Jugendliche unter 18 Jahren grundsätzlich nicht ausgegeben werden. Bier oder Wein dürfen Kinder bis zu 14 Jahren grundsätzlich nicht trinken, Jugendliche unter 16 Jahren nur dann, wenn Eltern dabei sind. Doch dürfen die Jugendlichen solche Getränke für andere Personen besorgen.

4. Öffentliche Tanzveranstaltungen dürfen Kinder und Jugendliche unter 16 Jahren nicht besuchen. Jugendliche über 16 Jahren dürfen sich bis 24 Uhr in einem Tanzlokal aufhalten, ab 22 Uhr aber nur, wenn Erziehungsberechtigte dabei sind. Geschlossene Tanzveranstaltungen in Jugendclubs unter Aufsicht sind ab 14 Jahren erlaubt.

5. Varieté-, Kabarett- und Revueveranstaltungen sind für Kinder und Jugendliche bis 18 Jahre grundsätzlich verboten, selbst in Begleitung eines Erziehungsberechtigten. Hier gibt es jedoch unter bestimmten Voraussetzungen Ausnahmen.

6. In das Kino dürfen Kinder unter 6 Jahren nicht. Kinder von 6 bis 12 Jahren dürfen dann, wenn der Film für dieses Alter zugelassen und die Veranstaltung vor 20 Uhr zu Ende ist. Jugendliche zwischen 12 und 16 Jahren dürfen einen Film sehen, wenn er für dieses Alter zugelassen und vor 22 Uhr zu Ende ist. Jugendlichen zwischen 16 und 18 Jahren ist der Kinobesuch erlaubt, wenn der Film für sie freigegeben und die Vorführung spätestens um 23 Uhr zu Ende ist. Das Recht der Freigabe eines Films für Kinder und Jugendliche steht der obersten Landesbehörde zu.

7. Glücksspielautomaten und entsprechend auch der Aufenthalt in Glücksspielhallen oder Spielbanken sind für Jugendliche unter 18 Jahren verboten.

8. Kinder und Jugendliche unter 16 Jahren dürfen in der Öffentlichkeit nicht rauchen.

Sobald ein Jugendlicher verheiratet ist, gilt das Gesetz für ihn nicht mehr.

VON ZU HAUSE DURCHGEBRANNT

Häuslicher Unfriede treibt Heranwachsende und
Jugendliche oft aus ihrem Elternhaus

Gisela war gerade fünfzehn Jahre alt geworden. Sie sah
aber aus wie achtzehn und wollte die große Welt kennen-
lernen. Eines Morgens im Juni verließ sie ihr Elternhaus
in einem kleinen Schwarzwalddorf, nachdem sie zuvor
einen Zettel auf den Küchentisch gelegt hatte, auf dem
die Worte zu lesen waren: »Ich halte es hier einfach nicht
mehr aus. Sucht mich bitte nicht! Ich komme nie mehr
wieder. Eure Gisela.«
Mit den paar Mark, die sie in der Tasche hatte, fuhr
Gisela mit dem Zug bis Karlsruhe und stellte sich dort als
Anhalterin an die Autobahn. Schon nach vier Minuten
hielt ein Lastwagen aus Hannover. Der Fahrer lud sie ein,
spendierte ihr auf der Fahrt nach Norden eine Mahlzeit
und etliche Getränke — und vergewaltigte sie gegen
Abend auf einem leeren und abgelegenen Autobahnpark-
platz. Tags darauf wurde das Mädchen von der Polizei
aufgegriffen.
Gisela ist ein Schicksal von vielen. Einige *zehntausend
Jugendliche* zwischen elf und neunzehn Jahren (man
spricht von rund 40 000) laufen alljährlich — besonders
während der warmen Jahreszeit — aus dem Elternhaus
fort und suchen etwas von der großen, weiten Welt zu
erhaschen. Es vergeht kein Tag und keine Nacht, in der
nicht Streifenwagen der Polizei irgendwo jugendliche
Ausreißer stellen: Jungen, die es zu Hause satt haben
oder mit der Schule nicht zurechtkommen; Mädchen, die
endlich einmal etwas erleben wollen oder Angst vor elter-

licher Strafe haben; Schüler und Lehrlinge, Hilfsarbei-
terinnen oder Töchter aus gutem Hause, die alle irgendwelche Schwierigkeiten mit sich herumtragen und vor
diesen davonlaufen.

Sie hoffen auf die große »Freiheit«

Bereits seit Jahren wächst die Zahl streunender Heranwachsender und Jugendlicher ganz erschreckend an. Viele
von ihnen wollen ins Ausland, weil sie meinen, dort wären sie die Sorge vor der deutschen Polizei los und könnten hier ohne Papiere arbeiten und wohnen. Andere hoffen auf die große »Freiheit«, die Münchens Schwabing,
Hamburgs Reeperbahn, der U-Bahnhof in Frankfurt, die
Treppen der Gedächtniskirche von Berlin oder Hannovers
Steintorviertel bieten soll.
Manche der jungen Ausreißer geben morgens ihrer Mutti
noch einen Abschiedskuß und machen sich dann schein-
bar auf den Weg zur Schule oder zur Arbeitsstelle. Am
Nachmittag oder gegen Abend — die Schule bzw. die Arbeit sind längst beendet — kehren sie nicht mehr nach
Hause zurück. Nach Stunden vergeblicher Suche wird
dann den Eltern erschreckend klar: »Unser Kind ist weg-
gelaufen«.
Viele Großstädte in der Bundesrepublik sprechen immer
wieder, vor allem in den Monaten April bis September,
von wahren *Gammler-Rekorden.* Dies gilt besonders für
die bayerische Landeshauptstadt München, die als Film-
metropole, Hippie-Zentrum und »Dolce-Vita-Zentrale«
auf junge Menschen einen besonderen Reiz ausübt, vor
allem auf junge Mädchen, die von einer Karriere als Foto-
modell oder als Schauspielerin träumen. Die Beamten der
Kriminalpolizei und der Gerichte könnten über ihre Erlebnisse mit den Ausreißern viele Bände füllen.

So erklärte zum Beispiel eine Siebzehnjährige aus dem Rheinland, die nach München ausgerissen war und dort als Strip- und Schönheitstänzerin arbeiten wollte, dem Jugendrichter (der die wegen Vagabundierens Aufgegriffene vernahm) ganz unumwunden: »Mit meinem Körper kriege ich so einen Job hier bestimmt.« Und ein anderes Mädchen sagte der Polizei: »Hier ist doch alles viel freier als bei uns, Künstler und so . . .«

In den Händen von Zuhältern und Kriminellen

Für die meisten jugendlichen Ausreißer endet die Flucht aus dem Elternhaus in den Händen von Rauschgifthändlern (dealern) und Zuhältern. Erschütternde Einzelschicksale weiß die Polizei zu berichten: Eine Sechzehnjährige hatte sich nach Paris abgesetzt und war dort bereits nach kurzer Zeit alkohol- und drogensüchtig geworden. Eine Dreizehnjährige (!) war schwanger, als sie von Kriminalbeamten — 500 Kilometer vom Elternhaus entfernt — aufgegriffen wurde. Und eine Siebzehnjährige landete wenige Wochen nach ihrem Fortgang von daheim in einem Braunschweiger Freudenhaus.
Exakte Zahlen gibt es natürlich nicht. Doch darf man mit der Polizei und den Jugendbehörden in aller Härte schätzen, daß zwei von drei jungen Menschen ihr Weiterkommen oder ihren Aufenthalt in einer Stadt irgendwie *sexuell bezahlen*. Das gilt zwar in besonderer Weise für ausgerissene Mädchen, die sich sehr oft mit Männern einlassen müssen, um als Anhalter im Auto mitgenommen zu werden; davon betroffen sind aber auch umherstreunende Jungen, die nicht selten in Großstädten »auf den Strich gehen« müssen, um an Geld heranzukommen.
Vierzehn Jahre alt war zum Beispiel die Anhalterin, die, als sie von der Polizei gefaßt wurde, über ihre Erlebnisse

zu Protokoll gab: »Ich bin per Anhalter gefahren. Es war schrecklich. Nach einiger Zeit fing der Lkw-Fahrer an, mich komisch anzufassen. Ich habe mich gewehrt, aber das half nichts, denn er war stärker als ich.« So beginnt es meistens. Und wie es weitergehen bzw. enden kann, berichtete der Polizei einmal eine Sechzehnjährige: »Ich kann nicht mehr widerstehen, wenn ein Mann sagt, ich soll mitgehen für Geld.«

Viele der jugendlichen Ausreißer rutschen schließlich auch in die *Kriminalität* ab. Sie stehlen zum Beispiel alles zusammen, was nicht niet- und nagelfest ist und was ihnen gerade in die Hände kommt — wobei es an gewalttätigem Vorgehen nicht fehlt. Die meisten haben zwar keineswegs von Anfang an vor, sich irgendwie kriminell zu betätigen, aber dann tun sie es doch unter dem Zwang der »Umstände«. Vor die Wahl gestellt, zur Polizei zu gehen und sich zu den Eltern zurückbringen zu lassen oder ein »Ding zu drehen«, entscheiden sie sich nur zu oft für das letztere.

Mit den Eltern unzufrieden

Warum, so möchte man nun fragen, reißen eigentlich diese vielen Heranwachsenden und Jugendlichen von zu Hause aus? Tun sie es aus Abenteuerlust, aus Fernweh, das vielleicht durch ein Buch oder einen Film ausgelöst wurde, aus Ärger mit dem Vorgesetzten, aus einer besonderen Erregbarkeit oder Depression heraus, aus Angst vor einer unglücklichen Situation, z. B. vor Strafe oder Tadel, vor Konflikten, vor zu autoritärer Erziehung?

In München hat man einmal den Versuch gemacht, die Fluchtmotive der jungen Leute mit wissenschaftlichen Methoden zu erkunden. In einem Aufnahmeheim legte man den Ausreißern einen psychologischen Fragebogen vor, auf dem sie — ohne ihren Namen anzugeben — ihr Innenleben, ihre Wünsche und Gefühle offenbaren konnten. Manche lehnten ab, andere nutzten die Gelegenheit, sich alles von der Seele zu schreiben.

Vor allem die Mädchen waren es, die bereitwillig über die Gründe ihres Weglaufens Auskunft gaben. Aus ihren Ausführungen wurde deutlich, daß das *Streben nach Unabhängigkeit und Freiheit* und die Unzufriedenheit mit den eigenen Eltern die Hauptgründe für die Flucht aus dem Elternhaus waren. »Ich möchte einmal meinen Eltern meinen Standpunkt über mein Leben unterbreiten dürfen«, schrieb eine Neunzehnjährige in ihrem Fragebogen, »aber da stoße ich ja gleich auf Granit!« Ähnliches war immer wieder auch auf anderen Blättern zu lesen. Irgend etwas zu Hause war nicht so, wie es nach Meinung der Ausreißer(innen) hätte sein sollen.

Eine fünfzehnjährige Gammlerin drückte ihr Fluchtmotiv folgendermaßen aus: »Ich hatte das Leben zu Hause satt. Ich mußte immer bei meinen Eltern bleiben. Ich brauchte Freiheit. Denn das, was ich suchte, konnten mir nur die Männer geben!« Auf die Frage, was sie denn konkret unter »Freiheit« verstehe, sagte die Schreiberin, ähnlich vielen anderen: »Eben tun und lassen, was ich will!«

»Mein Vater schlägt die Mutter immer«

Bemerkenswerterweise rangiert unter den genannten Beweggründen für die Flucht aus dem Elternhaus die häusliche Strenge an letzter Stelle. Auf die Frage, ob sie ihre Erziehung zu Hause (oder im Jugendheim) als zu hart empfunden hätten und sie dadurch überfordert worden seien, antworteten die meisten mit »Nein«. Es waren nur ganz wenige, die vor ihrem schreienden, jähzornigen und drohenden Vater davongelaufen waren.

Weit häufiger als über zu große Strenge klagten die Ausreißer über die Tatsache, daß sich in ihrem Elternhaus der *Unfriede* eingenistet habe und die Ehe ihrer Eltern brüchig geworden sei. Statt gegenseitiges Verstehen, Rücksichtnahme, Hilfsbereitschaft und Liebe herrsche bei ihnen daheim Egoismus, Gleichgültigkeit, ständige Streitigkeiten, Ehekrach und dergleichen. »Unsere Familienverhältnisse«, so hieß immer wieder das verräterische Stichwort auf den einzelnen Fragebogen, mit dem Mädchen wie Jungen deutlich machen wollten, weshalb sie sich daheim nicht wohl fühlten.

Eine Siebzehnjährige schrieb: »Mein Vater schlägt die Mutter immer, das konnte ich nicht mehr mitansehen.« Eine Fünfzehnjährige floh, weil sie nicht mehr wußte, »wie es zu Hause weitergehen soll«. Und ein Sechzehnjähriger, der aus einem Heim fortlief, wünschte, wieder nach Hause zurückkehren zu können. »Aber«, so hieß es in seinem Fragebogen, »meine Eltern wollen mich nicht haben!«

Mit anderen Worten: Wenn Jungen und Mädchen sich zu Hause nicht wohl fühlen, dann beginnen sie damit, nach neuen Beziehungen zu suchen — ohne freilich hierfür ausreichend vorbereitet zu sein.

Wo die elterliche Verantwortung fehlt

Nur wenige Väter und Mütter — so sagen uns Psychologen und Pädagogen — können mit ehrlicher Überzeugung behaupten, es habe sie völlig überrascht, daß ihr fünfzehnjähriger Sohn oder ihre zwölfjährige Tochter ausgerissen seien. Wenn ein Heranwachsender sich unbeachtet und vernachlässigt fühlt, seine wachsende Unzufriedenheit über den »Betrieb daheim« zu erkennen gibt, schwärmerisch vom Leben anderswo spricht oder sogar seine Flucht ankündigt, dann ist es oft nicht mehr weit bis zu dem entscheidenden und letzten Schritt. Solche Bemerkungen — und seien sie noch so albern — müssen von den Eltern ernst genommen werden.

Eltern können durchaus spüren, ob ein Kind sich zu Hause wohl fühlt oder nicht. Wenn dies nicht der Fall ist, sollten sie die *Ursachen* suchen — auch bei sich selbst. Sie sollten sich zum Beispiel fragen, ob sie immer genügend Zeit für ihre Kinder haben, ob sie ihre Erziehungsaufgabe wirklich genau und ernst nehmen, ob sie immer bestrebt sind, Egoismus und Gleichgültigkeit — diese beiden Hauptfeinde der Erziehung — aus ihrer Familie fernzuhalten, ob sie vielleicht durch böse und bittere Worte ihre Kinder auf die Straße und in das Abenteuer treiben usw. Es gibt keinen Grund, irgend etwas vertuschen oder beschönigen zu wollen.

Leider sind sich heute viele Eltern ihrer Verantwortung für ihre Jungen und Mädchen überhaupt nicht bewußt. Denn wie könnte es sonst möglich sein, daß immer wieder Kinder der Polizei oder den Jugendbehörden Zettel vorlegen, auf denen — von Mutter oder Vater unterschrieben — etwa zu lesen steht: »Ich bin damit einverstanden, daß mein Sohn (meine Tochter) als Gammler (Gammlerin) geht.«

Es gibt keinen Zweifel: Wer sich als Vater oder Mutter rechtzeitig um alles kümmert, was seine Kinder bewegt, was sie freut und was sie ängstigt, kann sich später viele Vorwürfe und Schwierigkeiten ersparen. Mit Sätzen wie »Trau dich ja nicht mit einer Fünf nach Hause!« hat dagegen schon manches Abenteuer begonnen, das in einer Tragödie endete . . .

WEITERFÜHRENDE LITERATUR ZU DEN THEMEN DES VORLIEGENDEN BUCHES

Den genannten Schriften können weitere Hinweise auf einschlägige Veröffentlichungen entnommen werden.

Abeln, Reinhard: Die Welt unserer Kinder. 6 Bde. Johannes-Verlag, Leutesdorf am Rhein 1974/75.

Abeln, Reinhard: Geliebte Kinder — glückliche Kinder. Handreichungen für Eltern und Erzieher. Schwabenverlag, Ostfildern 1, 1976.

Arlt, Hans Georg: Die Entwicklung des Kindes in den ersten 10 Lebensjahren. Säuglings- und Kinderkrankheiten. Verlag Herder, Freiburg i. Br. 1974.

Beer, Elisabeth: Lust zur Leistung. Wie Eltern Kinder fördern können. Katzmann Verlag, Tübingen 1974.

Berlé, Marie Anne: Elternantwort. Ratschläge für junge Eltern in Erziehungsfragen. Verlag Ludwig Auer, Donauwörth 1971.

Brem-Gräser, Luitgard: Das ängstliche Kind braucht Dich! Reihe: Elternsprechstunde H. 5. Verlag Psychologische Sprechstunde, München o. J.

Brem-Gräser, Luitgard: Konzentrationsstörungen und ihre Behebung. Reihe: Elternsprechstunde H. 6. Verlag Psychologische Sprechstunde, München o. J.

Brocher, Tobias: Die Krisen des Kindes. Beiträge zur Begegnung von Kirche und Welt Nr. 39. Hrsg. v. der Akademie der Diözese Rottenburg 1959.

Burger, Elisabeth: Zehn Gebote für Erzieher. 9. Aufl., Johannes-Verlag, Leutesdorf am Rhein 1971.

Christenson, Larry: Die christliche Familie. Aus d. Amerikan. übers. v. Katharina Hölscher, R.-F. Edel und Günther Steglich. Edel-Taschenbuch Nr. 22/23. Ökumenischer Verlag Dr. R.-F. Edel, Marburg/Lahn 1972.

Clauser, Günter: Die moderne Elternschule. Der sichere Umgang mit Ungeborenen, Babies, Kleinkindern, Schulkindern, Teens und Twens. 3. Aufl., Verlag Herder, Freiburg i. Br. 1972.

Clinebell, Howard J. und Charlotte: Kinder in Entwicklungskrisen: Was können Eltern tun? Chr. Kaiser Verlag, München/Matthias-Grünewald-Verlag, Mainz 1974.

du und wir. Elternbriefe. Hrsg. v. Katholischen Zentralinstitut für Ehe- und Familienfragen in Köln. Einhard-Verlag, Aachen o. J.

Ell, Ernst: Lügen — ein Alarmsignal. Reihe: Elternsprechstunde H. 9. Verlag Psychologische Sprechstunde, München o. J.

Ell, Ernst: Pädagogische Schlagwörter unter der Lupe. Praktische Ratschläge für Eltern und Erzieher. Arena-Taschenbuch Bd. 109. Arena-Verlag Georg Popp, Würzburg 1965.

Ell, Ernst: Trotz — Auflehnung — Widerstand in Elternhaus und Schule. Reihe: Elternsprechstunde H. 7. Verlag Psychologische Sprechstunde, München o. J.

Ell, Ernst: Wenn Kinder stehlen. Reihe: Elternsprechstunde H. 11. Verlag Psychologische Sprechstunde, München o. J.

Elternbriefe. Hrsg. v. Arbeitskreis Neue Erziehung e. V. für Familie, Schule und Gesellschaft, Berlin 1976.

familie '77. Grundlagen und Zielpunkte für die Arbeit des Familienbundes der Deutschen Katholiken. München 1977.

Hehlmann, Wilhelm: Wörterbuch der Psychologie. 5. Aufl., Alfred Kröner Verlag, Stuttgart 1968.

Kalff, Wilhelm: Eltern lernen erziehen. Ein Übungsprogramm für die Probleme der Kindererziehung. Deutsche Verlags-Anstalt, Stuttgart 1974.

Kratzmeier, Heinrich: Was Kinder brauchen. Guter Rat ist nicht teuer. Reihe: Für-Uns-Bücher Bd. 6, Lahn-Verlag, Limburg 1974.

Lexikon für Eltern und Erzieher. Vom Umgang mit Kindern und Jugendlichen. Hrsg. v. Hans-Hermann Groothoff, Linde Salber und Fritz Satzvey. Kreuz-Verlag, Stuttgart/Berlin 1973.

Linschoten, J.: Erziehungshilfe für Problemkinder. Ein Ratgeber für Eltern und Erzieher von seelisch gestörten, lernbehinderten und erziehungsschwierigen Kindern. Ernst Reinhardt Verlag, München 1970.

Lorenz, Melitta: Kindernöte — Elternsorgen. Vorbeugung und Behandlung kindlicher Verhaltensstörungen. Ernst Reinhardt Verlag, München 1969.

Ludwig, Bernd und Gerda: Schwierige Kinder? Kindliche Fehlentwicklung bis zur Jugendkriminalität. Reihe: Klett Extra für Eltern. Ernst Klett Verlag, Stuttgart 1974.

Meves, Christa: Kinderschicksal in unserer Hand. Erfahrungen aus der psychagogischen Praxis. Herderbücherei Bd. 501. Verlag Herder, Freiburg i. Br. 1974.

Neuerer, Magda von: Elternlexikon. Erziehungshilfe von A—Z. Herderbücherei Bd. 498. Verlag Herder, Freiburg i. Br. 1974.

Panke, Robert: Wenn Kinder sich nicht konzentrieren können. In: Freie Schule. Eltern- und Lehrerzeitschrift des Kath. Schulwerks Baden-Württemberg e. V., 3. Jg., H. 13, 1970, S. 22—23.

Pietrowicz, Bernhard: Auffällige Kinder. Beispiele und Ratschläge. Kamps pädagogische Taschenbücher Bd. 4. Verlag F. Kamp, Bochum, 9. Aufl., 1971.

Plattner, Elisabeth: Erziehungsnot in Elternhaus und Schule. Herderbücherei Bd. 298. Verlag Herder, Freiburg i. Br., 2. Aufl., 1969.

Rost, Dietmar: Aktuelle Erziehungstips. Praktisches für den pädagogischen Alltag. Verlag J. Pfeiffer, München 1973.

Spieler, Josef: Wenn Kinder lügen. Reihe: Bedrohte Jugend — drohende Jugend Bd. 10. Ernst Reinhardt Verlag, München o. J.

Stevens, Anita und *Freemann*, Lucy: Ich hasse meine Eltern. Wie es dazu kommt und wie man es ändern kann. Gustav Lübbe Verlag, Bergisch-Gladbach 1972.

Trapman, H., *Liebetrau*, G., *Rotthaus*, W.: Auffälliges Verhalten im Kindesalter. Verlag Modernes Lernen, Dortmund, 2. Aufl., 1971.

Vimort, Jean: Richtig erziehen — aber wie? Erziehungsschwierigkeiten und ihre Bewältigung. Seelsorge Verlag, Freiburg i. Br. 1964.

Werner, Gerda: Das behinderte Kind. Vorsorge, Früherkennung, Hilfe, Ausbildung. Reihe: Klett Extra für Eltern. Ernst Klett Verlag, Stuttgart 1973.

Wiggenhorn, Bernhard: Erziehung ohne Forderungen? Zur Problematik der gegenwärtigen Erziehungssituation. In: Katholische Korrespondenz, Bonn, 18. Januar 1977, Seite 10.

Wittmann, Werner: Die Jahre bis zum Schuleintritt. Verlag Ludwig Auer, Donauwörth 1972.

INHALT